Erfolg ist eine Treppe, keine Tür.

Autor unbekannt

Inhalt

Rezeptinfos

5 **SmartPoints Wert pro Person / Glas / Stück**

Fertig in
Hier sind alle Vorbereitungsschritte, Marinier-, Gar- und Backzeiten eingerechnet.

Davon aktiv
Diese Zeitangabe sagt dir, wie lange du wirklich mit Schnippeln und Rühren beschäftigt bist.

- vegetarisch
- vegan
- glutenfrei
- laktosefrei
- nussfrei

So geht's
QR-Code scannen und Einkaufslisten entdecken.

Amélie R.
Aysun C.
Alex W.
Rachel L.
WW Teilnehmer

Jetzt WW erleben: ww.com

Tolle Geschichten aus dem Leben

In diesem Buch findest du 15 WW Teilnehmer aus aller Welt, die sich mit WW erfolgreich auf den Weg zu ihrem Wunschgewicht gemacht haben. Erfahre wie jeder Teilnehmer aus seiner eigenen Motivation heraus mit WW seine Erfolgsgeschichte startete und gesunde Gewohnheiten und Routinen in den Alltag integrieren konnte. Entdecke dabei die Vielfalt der internationalen Küche – ob klassisch, exotisch oder für dich unbekannt, es schmeckt immer super lecker.

Sarah aus Australien
–14 kg

Mein Warum: Nach der Scheidung einen Neuanfang wagen

Mein Tipp: Werde Coach und helfe anderen dabei, sich so gut zu fühlen, wie ich mich selbst fühle.

Lisa aus Schweden
–21 kg

Mein Warum: Wieder fitter und aktiver werden

Mein Tipp: Gemüse ist nicht nur als Beilage ideal, sondern auch als Snack eine perfekte Alternative.

Vinicius aus Brasilien
–13 kg

Mein Warum: Endlich wieder sportlicher sein

Mein Tipp: Regelmäßig WW Tagebuch führen, um den Überblick über meine Punkte nicht zu verlieren.

Daniela aus Deutschland
–15 kg

Mein Warum: Nach der Schwangerschaft wieder das „normale" Gewicht erreichen

Mein Tipp: Für Vegetarier wie mich, Rezepte mit Tatar durch Veggie-Hack ersetzen, denn die meisten Produkte haben die gleichen Punkte.

Aysun aus Deutschland
–16 kg

Mein Warum: Für meine beiden Söhne eine coole Mama sein

Mein Tipp: Beim Kochen auf die Butter im Reis verzichten oder die Cannelloni mit mehr Gemüse als Fleisch zu füllen.

Louise

Alter: 38
Erfolg: –13 kg
Teilnahme: Workshop

Louise aus England

Kamera statt Kekse

Nach der Geburt meiner Zwillinge habe ich viel zu viel Fast Food gegessen und fühlte mich komplett ausgelaugt. Heute koche ich frisch und tue meinem Körper etwas Gutes.

Auf den Körper hören
Die Geburt meiner Zwillinge krempelte mein Leben total um, meine Prioritäten verschoben sich von jetzt auf gleich zu 100 Prozent. Ich war ständig in Aktion und, ehrlich gesagt, oft auch ganz schön geschafft. Zwischendurch bediente ich mich immer wieder aus der Keksdose.

Wenn es abends schnell gehen musste, habe ich ein paar Zutaten in die Pfanne geworfen und eine Fertigsauce eingerührt. Das war für mich damals der einzige Weg, etwas Warmes zuzubereiten. Und dann haben mein Mann und ich uns nach einer langen Woche auch noch mit Fast Food belohnt. Dass dieser Lebensstil sich nicht gut auf meinen Körper auswirkte, war eigentlich keine Überraschung – und für mich dann auch der Grund, endlich wieder etwas für mich zu tun.

Neues Hobby: Food-Bloggen
Kochen ist dank WW mittlerweile zu meiner Leidenschaft geworden. Eigene Rezepte zu entwickeln und Neues auszuprobieren, das ist mein Ding. Cottage Pie mit Kartoffelpüree beispielsweise ist ja ein ganz traditionelles britisches Gericht. Aber dann habe ich das Rezept mit Kürbis kombiniert – ein total anderes Geschmackserlebnis!

Irgendwann wollte ich meine Rezeptideen auch mit anderen teilen und meldete mich auf Instagram an. Mit jedem neuen Rezept, das ich postete, gewann ich Follower dazu. Das spornte mich zusätzlich an, weiterzumachen. So habe ich mit WW nicht nur zu einem ganz neuen Lebensgefühl, sondern auch zu einem tollen neuen Hobby gefunden: Statt zur Keksdose greife ich heute zur Kamera!

Gesundes „Fast Food“
Wenn ich für unsere Familie koche, setze ich noch immer auf „schnelle“ Rezepte – Fertigsaucen sind allerdings tabu. Das Sommerfrüchte-Dessert mit Baiser beispielsweise kommt mit wenigen Zutaten aus, die man eigentlich auch immer im Vorrat hat – und deshalb ist es ruckzuck zubereitet.

Übrigens gibt es bei uns heute auch noch Fast Food-Abende – allerdings mit frischen Zutaten und gesund zubereitet. Englische Fish & Chips? Meine Jungs lieben das!

Englische Fish & Chips

Für 4 Personen **Fertig in 50 Min.** **Davon aktiv 45 Min.**

600 g festkochende Kartoffeln
2 TL Olivenöl
Salz, Pfeffer
600 g Kabeljaufilet
1 unbehandelte Zitrone
2 EL Mehl
1 Ei (Größe M)
5 EL Panko-Mehl
4 EL gehackte glatte Petersilie
2 EL Kapern
8 Cornichons
120 g fettarmer Joghurt
2 EL Salatcreme, bis 10 % Fett
2 EL gehackter Dill

1 Backofen auf 180° C Umluft (Ober-/Unterhitze nicht empfehlenswert) vorheizen. Kartoffeln schälen, in Stifte schneiden und mit 1 TL Öl und Salz vermischen. Kartoffelstifte auf einem mit Backpapier ausgelegten Backblech verteilen und im Backofen im unteren Drittel 10–15 Minuten backen.

2 Kabeljaufilet abspülen, trocken tupfen, in ca. 4 cm dicke und 8–10 cm lange Streifen schneiden und mit Salz und Pfeffer würzen. 2 TL Zitronenschale abreiben und Zitrone in Spalten schneiden. Mehl in einem tiefen Teller verteilen. Ei in einem weiteren tiefen Teller mit Salz und Pfeffer verquirlen. Panko-Mehl mit 2 EL Petersilie und Zitronenschale in einem dritten tiefen Teller vermischen.

3 Kabeljaustücke erst in Mehl, dann in Ei und danach in Panko-Mischung wenden, auf einem mit Backpapier ausgelegten Backblech verteilen und mit restlichem Öl beträufeln. Kabeljaustücke im Backofen auf mittlerer Schiene mit den Kartoffelstiften weitere ca. 20 Minuten backen, dabei die Kabeljaustücke nach ca. 10 Minuten wenden.

4 Für die Sauce Kapern und Cornichons fein hacken, mit Joghurt, Salatcreme, restlicher Petersilie und Dill verrühren und mit Salz und Pfeffer abschmecken. Fish & Chips mit Sauce und Zitronenspalten servieren.

7 **SmartPoints Wert** 1623 kJ | 388 kcal

Kennst du Panko-Mehl?

Es ist ein sehr helles Paniermehl aus der asiatischen Küche, bei dem bei der Herstellung nur das Brotinnere verwendet wird. Panko-Mehl findest du im Asia-Laden. Du kannst aber auch normales Paniermehl nehmen.

Sommerfrüchte-Dessert mit Baiser

Für 2 Personen **Fertig in 10 Min.** **Davon aktiv 10 Min.**

50 g Erdbeeren
250 g Himbeeren
75 g Heidelbeeren
1 TL Puderzucker
einige Tropfen Zitronensaft
30 g Baiser
400 g Griechischer Joghurt, bis 0,2 % Fett

1 Beeren waschen und trocken tupfen. Erdbeeren in Scheiben schneiden. 200 g Himbeeren mit Puderzucker und Zitronensaft pürieren und durch ein Sieb streichen.

2 Baiser zerbröseln. Joghurt mit Himbeerpüree marmorieren und mit Erdbeerscheiben, Heidelbeeren und restlichen Himbeeren in Gläser einschichten. Sommerfrüchte-Dessert mit Baiser garniert servieren.

4 **SmartPoints Wert** 1028 kJ | 246 kcal

Schinken-Ei-Brötchen

Für 1 Person **Fertig in 20 Min.** **Davon aktiv 10 Min.**

1 Ei (Größe M)
1 EL Salatcreme, bis 23 % Fett
1/4 TL Senf
1 Handvoll Blattsalat-Mischung (Kühltheke)
einige Tropfen Zitronensaft
Salz, Pfeffer
1 Mehrkornbrötchen
1 Scheibe gekochter Schinken

1. Ei in kochendem Wasser 8–10 Minuten hart kochen. Ei abschrecken, pellen und grob hacken.
2. Ei mit Salatcreme und Senf vermischen. Salat waschen, trocken schleudern, mit Zitronensaft beträufeln und mit Salz und Pfeffer würzen.
3. Brötchen aufschneiden, mit Salat, Schinken und Eimischung belegen und servieren.

8 SmartPoints Wert 1661 kJ | 397 kcal

Cottage Pie mit Kürbis und Meerrettich

Für 4 Personen **Fertig in 85 Min.** **Davon aktiv 25 Min.**

1 rote Zwiebel
1 große Karotte
2 Stangen Staudensellerie
1 Knoblauchzehe
100 g Grünkohl
2 TL Rapsöl
500 g Tatar
Salz, Pfeffer
1 EL Mehl
1 EL Tomatenmark
500 ml Rinderbrühe
(2 TL Instantpulver)
2 EL Worcestersauce
600 g Butternut-Kürbisfruchtfleisch
2 TL Tafelmeerrettich

1 Zwiebel und Karotte schälen, Sellerie waschen und alles fein würfeln. Knoblauch pressen. Grünkohl waschen, trocken schleudern und in Streifen schneiden. Öl in einer Pfanne auf mittlerer Stufe erhitzen und Gemüsewürfel mit Knoblauch darin 6–8 Minuten anbraten. Tatar dazugeben, 5–6 Minuten mitbraten und mit Salz und Pfeffer würzen.

2 Mit Mehl bestäuben und gut verrühren. Tomatenmark, Brühe und Worcestersauce dazugeben, aufkochen und auf niedriger Stufe 20–25 Minuten köcheln lassen. Kürbis würfeln, in einen Topf geben, mit Wasser bedecken und ca. 20 Minuten garen. Backofen auf 200° C (Gas: Stufe 3, Umluft: 180° C) vorheizen.

3 Grünkohlstreifen ca. 2 Minuten in Salzwasser blanchieren und abtropfen lassen. Kürbiswürfel abgießen und zerstampfen. Grünkohl mit Meerrettich unter das Kürbispüree rühren und mit Salz und Pfeffer würzen. Gemüse-Tatar-Mischung in eine runde Auflaufform (Ø 22 cm) geben, mit Kürbispüree bedecken und im Backofen auf mittlerer Schiene ca. 25 Minuten backen. Cottage Pie servieren.

3 **SmartPoints Wert** 1062 kJ | 254 kcal

Apfel-Vanille-Porridge

Für 4 Personen   Fertig in 20 Min.   Davon aktiv 10 Min.

300 ml entrahmte Milch
450 ml Wasser
1/2 Vanilleschote
135 g zarte Haferflocken
1 rotschaliger Apfel (z. B. Fuji, Jonagold)
15 g Pekannüsse
1 EL Kürbiskerne
1 EL Ahornsirup

1 Milch mit Wasser in einem Topf auf mittlerer Stufe aufkochen lassen. Vanilleschote längs aufschneiden und das Mark herauskratzen. Haferflocken und Vanillemark dazugeben und ca. 3 Minuten köcheln lassen.

2 Apfel waschen, vierteln, entkernen und raspeln. Apfelraspel unter das Porridge rühren. Pekannüsse hacken und mit Kürbiskernen fettfrei in einer Pfanne auf mittlerer Stufe 2–3 Minuten rösten. Apfel-Vanille-Porridge mit Ahornsirup beträufeln und mit Pekannüssen und Kürbiskernen garniert servieren.

7 SmartPoints Wert   953 kJ | 228 kcal

Roastbeefröllchen mit Meerrettichcreme

Für 2 Personen Fertig in 15 Min. Davon aktiv 15 Min.

1 große Salatgurke
Salz, Pfeffer
120 g Frischkäse, bis 5 % Fett absolut
1 TL Tafelmeerrettich
1 TL Preiselbeeren (Konserve)
8 Scheiben Roastbeef
1 EL Schmand
1 TL Weißweinessig
1 TL Senf
1 TL gehackter Dill
2 Scheiben Roggenvollkornbrot (Schwarzbrot)

1 Gurke waschen, in Scheiben hobeln, salzen, ca. 10 Minuten ziehen lassen und überschüssige Flüssigkeit gegebenenfalls abgießen. Frischkäse mit Meerrettich und Preiselbeeren verrühren und mit Salz und Pfeffer abschmecken.

2 Roastbeef mit Creme bestreichen, aufrollen und fixieren. Gurkenscheiben mit Schmand, Essig, Senf und Dill verrühren und mit Salz und Pfeffer abschmecken. Roastbeefröllchen mit Gurkensalat und Brot servieren.

8 SmartPoints Wert 1313 kJ | 314 kcal

Zum „Durchdrehen“

Gurkenspiralen sind mit dem WW spiralizer superleicht und schnell zubereitet. Du kannst damit auch Gemüsenudeln aus Karotten, Rote Bete und Zucchini zubereiten. Erhältlich im WW Studio und auf weightwatchers-shop.de.

Claudia

Alter: 53
Erfolg: –13 kg
Teilnahme: Workshop

Claudia aus der Schweiz

Abenteuer Leben

Ausgestattet mit einer riesigen Portion Selbstvertrauen habe ich den Kilimandscharo bestiegen und mir den Traum meines Lebens erfüllt!

Ob man es auf den Kilimandscharo schafft oder nicht, ist eigentlich keine Frage des Gewichts. Der Aufstieg ist technisch nicht so anspruchsvoll wie bei anderen Bergen, die ich als leidenschaftliche Wanderin vorher schon erklommen hatte. Die Frage ist eher, ob man die Höhe verträgt. Aber so eine Reise, die ist natürlich einmalig und deshalb wollte ich nicht, dass mir am Berg die Puste ausgeht. Ich wollte jeden Moment dieser Reise einfach nur genießen.

Und das ist mir gelungen: Am Berg waren wir täglich sieben bis acht Stunden unterwegs – und ich habe mich nicht ein einziges Mal gequält oder mich gefragt, ob ich das durchhalte. Im Gegenteil: Jeder Schritt war für mich pures Glück. Nach der Besteigung haben wir noch eine Woche auf der Insel Sansibar verbracht. Und ich war sehr stolz darauf, dass ich nicht nur am Berg, sondern auch am Strand eine gute Figur machte.

Abnehmen ohne Stress

Mir war es ganz wichtig, mir beim Abnehmen keinen Stress zu machen, sondern meinen eigenen Rhythmus zu finden. Anfangs hatte ich überlegt, mir einen Schrittzähler zuzulegen. Doch schon der Gedanke daran setzte mich unter Druck. Der Alltag ist doch oft schon hektisch genug – da wollte ich mich nicht auch noch von einem Schrittzähler scheuchen lassen. Mit Ruhe und Gelassenheit bin ich viel weitergekommen, als ich mir das jemals erträumt habe – und natürlich habe ich auch die Ernährung verändert. Ich habe an vielen kleinen Stellschrauben gedreht, z. B. die Salatsauce sparsamer dosiert, und das hat für mich super funktioniert.

Wandern ohne Schmerzen

Beim Wandern traue ich mir heute auch die schwierigsten Strecken zu. Dieses Jahr werden mein Mann und ich in die Dolomiten fahren. Als wir das letzte Mal dort waren, sind wir nur leichte oder mittelschwere Touren gegangen. Jetzt gibt es für mich keine Einschränkungen mehr. Und eine Alpenüberquerung – ja, die wäre auch mal was. Denn ich fürchte mich nicht mehr davor, dass ich irgendwann auf der Strecke aufgeben muss. 20 Kilometer wandere ich jetzt locker – und das ohne Schmerzen in den Knien, wie ich sie früher vor allem beim Bergabgehen hatte. Wenn wir an unserem Ziel ankommen, freue ich mich natürlich immer – aber ganz ehrlich: Ich bin dann meistens noch so fit, dass es für mich ruhig weitergehen könnte …

Spargelravioli mit Salbei

Für 4 Personen **Fertig in 90 Min.** **Davon aktiv 90 Min.**

250 g trockener Hartweizengrieß
120 ml sehr warmes Wasser
700 g grüner Spargel
75 ml Gemüsebrühe
(1/2 TL Instantpulver)
50 g Parmesan
70 g Ricotta
Salz, Pfeffer
1 EL kalorienreduzierte Kirschkonfitüre
3 EL dunkler Balsamicoessig
8 Blätter Salbei
1 Kopfsalat
1 EL Olivenöl

1 Für den Nudelteig Grieß auf die Arbeitsfläche häufen, in die Mitte eine Vertiefung drücken, Wasser nach und nach in die Vertiefung geben und vorsichtig von innen nach außen einarbeiten. Masse ca. 10 Minuten lang zu einem glatten Teig verkneten und in Frischhaltefolie gewickelt ca. 30 Minuten ruhen lassen.

2 Spargel waschen, das untere Drittel schälen und 200 g Spargel fein würfeln. Spargelwürfel in einer Pfanne mit 2 EL Brühe auf hoher Stufe ca. 3 Minuten andünsten und abkühlen lassen. Restlichen Spargel schräg in Scheiben schneiden.

3 Für die Füllung 30 g Parmesan reiben und mit Spargelwürfeln, Ricotta, Salz und Pfeffer verrühren. Für das Dressing Konfitüre mit Essig, restlicher Brühe, Salz und Pfeffer verquirlen. Restlichen Parmesan hobeln. Teig kräftig durchkneten, ca. 1 mm dick ausrollen (ca. 30 x 40 cm) und halbieren. Spargelfüllung portionsweise mit einem Teelöffel mit ca. 2 cm Abstand auf einer Hälfte des Teigs verteilen und mit anderer Teighälfte abdecken. Ravioli ausschneiden und die Ränder andrücken.

4 Ravioli in siedendem Salzwasser 5–8 Minuten garen. Salbei waschen, trocken schütteln und in Streifen schneiden. Salat waschen, trocken schleudern und in mundgerechte Stücke zerteilen. Öl in einer Pfanne auf hoher Stufe erhitzen und Spargelscheiben darin ca. 4 Minuten braten. Salbei dazugeben und mit 75 ml Nudelkochwasser ablöschen. Ravioli mit einer Schaumkelle herausnehmen, zur Salbeimischung geben, salzen und pfeffern. Spargelravioli mit Parmesanhobel bestreuen. Salat mit Dressing vermischen und dazu servieren.

10 **SmartPoints Wert** 1616 kJ | 386 kcal

Hüttenkäsebrot mit Paprika

Für 2 Personen **Fertig in 10 Min.** **Davon aktiv 10 Min.**

1 rote Paprika
200 g Hüttenkäse, bis 0,5 % Fett absolut
1 TL Senf
2 TL Schnittlauchringe
1 TL Leinöl
1/2 TL Paprikapulver
Salz, Pfeffer
4 Scheiben Pumpernickel

1 Paprika waschen und entkernen. Ein Viertel der Paprika fein würfeln und restliche Paprika in Streifen schneiden. Hüttenkäse mit Senf, Schnittlauch, Öl und Paprikapulver verrühren, Paprikawürfel unterheben und mit Salz und Pfeffer abschmecken.

2 Pumpernickelscheiben mit Hüttenkäsemischung bestreichen. Hüttenkäsebrot mit Paprikastreifen servieren.

8 SmartPoints Wert 1352 kJ | 323 kcal

Fächerkartoffeln mit Zaziki und Gurkensalat

Für 1 Person **Fertig in 50 Min.** **Davon aktiv 20 Min.**

200 g kleine festkochende Kartoffeln
Salz, Pfeffer
2 TL Olivenöl
1 TL Kümmel
1 Salatgurke
1 Knoblauchzehe
150 g Magerquark
1 EL saure Sahne
1 Stängel Dill
1 EL heller Balsamicoessig
1 Prise Zucker

1 Backofen auf 200° C (Gas: Stufe 3, Umluft: 180° C) vorheizen. Kartoffeln waschen und jeweils ca. achtmal ein-, aber nicht durchschneiden, sodass ein Fächer entsteht.

2 Fächerkartoffeln auf ein mit Backpapier ausgelegtes Backblech setzen. Salz, Pfeffer, 1 TL Öl und Kümmel vermischen, die Kartoffeln damit bestreichen und im Backofen auf mittlerer Schiene 35–40 Minuten backen.

3 Für den Zaziki Gurke waschen, eine Hälfte raspeln, in ein Küchentuch geben und überschüssige Flüssigkeit ausdrücken. Knoblauch pressen. Gurkenraspel mit Quark, Knoblauch, saurer Sahne, Salz und Pfeffer vermischen.

4 Für den Salat restliche Gurke in dünne Scheiben hobeln. Dill waschen, trocken schütteln und hacken. Für das Dressing Essig, restliches Öl, Salz, Pfeffer, Zucker und Dill vermischen. Gurkensalat mit Dressing mischen. Fächerkartoffeln mit Zaziki und Gurkensalat servieren.

10 SmartPoints Wert 1845 kJ | 441 kcal

Fächerkartoffeln richtig einschneiden

Damit du die Kartoffeln nicht versehentlich durchschneidest, kannst du sie einzeln auf einen Esslöffel legen und dann einschneiden. Durch die Wölbung des Löffels wird verhindert, dass das Messer die Kartoffel komplett durchtrennt.

Schwarzwurzelpüree mit gratiniertem Zander und Karottengemüse

Für 2 Personen **Fertig in 45 Min.** **Davon aktiv 30 Min.**

300 g Zanderfilet
einige Tropfen Zitronensaft
2 EL Frischkäse, bis 5 % Fett absolut
1 EL Paniermehl
1 TL Rapsöl
2 EL gemischte gehackte Kräuter (z. B. Petersilie, Kerbel, Majoran)
Salz, grob gemahlener Pfeffer
1 EL geriebener Parmesan
500 g Schwarzwurzeln
200 g mehligkochende Kartoffeln
300 g Karotten
125 ml Gemüsebrühe (1/2 TL Instantpulver)
1 EL Schmand
1 TL gehackter Thymian

1. Zanderfilet abspülen, trocken tupfen, in eine Auflaufform (ca. 15 x 20 cm) legen und mit Zitronensaft beträufeln. Frischkäse mit Paniermehl, Öl, gemischten Kräutern, Salz und Pfeffer zu einer glatten Masse verrühren und auf dem Fischfilet verteilen. Fischfilet mit Parmesan bestreuen. Backofen auf 180° C (Gas: Stufe 2, Umluft: 160° C) vorheizen.

2. Schwarzwurzeln und Kartoffeln schälen, in Stücke schneiden und sofort in Salzwasser 15–20 Minuten garen. Zander im Backofen auf mittlerer Schiene ca. 20 Minuten garen.

3. Karotten schälen, in Scheiben schneiden und in einem Topf mit Brühe auf mittlerer Stufe ca. 8 Minuten dünsten. Schwarzwurzel- und Kartoffelstücke abgießen, mit Schmand fein zerstampfen, mit Thymian verfeinern und mit Salz und Pfeffer abschmecken.

4. Karottenscheiben abgießen und mit Salz und Pfeffer würzen. Schwarzwurzelpüree mit gratiniertem Zander und Karottengemüse servieren.

5 SmartPoints Wert 1580 kJ | 378 kcal

Grünkohlquiche mit Pesto

Für 12 Stücke   Fertig in 1 Std. 55 Min.   Davon aktiv 40 Min.

400 g Grünkohl
2 Zwiebeln
1 kleine Knoblauchzehe
125 ml Gemüsebrühe
(1/2 TL Instantpulver)
250 g Mehl
2 EL Wasser
125 g Halbfettmargarine
Salz, Pfeffer
1 Bund Basilikum
250 ml entrahmte Milch
4 Eier (Größe M)
90 g geriebener Parmesan
70 g Geflügelsalami

1 Grünkohl putzen und hacken. Zwiebeln schälen und würfeln. Knoblauch pressen. Grünkohl mit Zwiebelwürfeln, Knoblauch und Brühe in einem Topf auf mittlerer Stufe mit Deckel ca. 20 Minuten dünsten. Grünkohl ohne Deckel weitere ca. 15 Minuten dünsten, abgießen und ca. 20 Minuten abkühlen lassen.

2 Mehl, Wasser, Margarine und 1/2 TL Salz zu einem Teig verkneten, rund ausrollen und eine Quicheform (Ø 26 cm) damit auskleiden. Backofen auf 200° C (Gas: Stufe 3, Umluft: 180° C) vorheizen.

3 Für den Pesto-Guss Basilikum waschen, trocken schütteln, mit Milch, Eiern und Parmesan pürieren, salzen und pfeffern. Salami würfeln. Grünkohl ausdrücken, mit Salamiwürfeln vermischen, auf dem Teig verteilen und Guss darübergeben. Grünkohlquiche im Backofen auf unterster Schiene ca. 40 Minuten backen und servieren.

5 SmartPoints Wert 881 kJ | 211 kcal

Salat gefällig?

Dazu passt ein fruchtig-herber Apfel-Radicchio-Salat. Mische für 2 Personen einfach 1/2 kleinen Radicchio in Streifen mit 2 kleinen säuerlichen Äpfeln (z. B. Braeburn) in Stiften und einem Dressing aus dem Saft 1/2 Zitrone, 1 EL hellem Balsamicoessig, 3 EL Wasser, 1 EL kalorienreduzierter Aprikosenkonfitüre, 1 TL Rapsöl, Salz und Pfeffer. Berechne für den Salat 1 SmartPoint pro Person.

Asiatische Broccoli-Schnitzel-Pfanne

Für 1 Person **Fertig in 30 Min.** **Davon aktiv 20 Min.**

1 Stück Ingwer (ca. 1 cm)
1 Schalotte
250 g Broccoli
120 g Schweineschnitzel
1 TL Sesamöl
Salz, Pfeffer
125 ml Gemüsebrühe
(1/2 TL Instantpulver)
60 g trockene Mie-Nudeln
1/2 unbehandelte Limette
1 EL Sojasauce
1 TL Sambal Oelek

1 Ingwer schälen und hacken. Schalotte schälen und würfeln. Broccoli waschen und in kleine Röschen teilen. Schweineschnitzel trocken tupfen und in Streifen schneiden.

2 Öl in einer Pfanne auf hoher Stufe erhitzen, Schnitzelstreifen darin 4–5 Minuten rundherum braten, mit Salz und Pfeffer würzen und herausnehmen. Schalottenwürfel und Ingwer im Bratensatz kurz anbraten, Broccoliröschen dazugeben, kurz mitbraten, mit Brühe ablöschen und auf mittlerer Stufe ca. 10 Minuten köcheln lassen

3 Nudeln nach Packungsanweisung in Salzwasser garen. 1/2 TL Limettenschale abreiben und Limettenhälfte auspressen. Mie-Nudeln abgießen, mit Schnitzelstreifen zum Gemüse geben und kurz erwärmen.

4 Broccoli-Schnitzel-Pfanne mit Sojasauce, Limettensaft, -schale und Sambal Oelek verfeinern und mit Salz und Pfeffer würzen. Asiatische Broccoli-Schnitzel-Pfanne servieren.

9 **SmartPoints Wert** 2160 kJ | 516 kcal

Greet
Alter: 34
Erfolg: –13 kg
Teilnahme: Digital

Greet aus den Niederlanden

Freiheit statt Freibrief

Montags Kekse, dienstags Pommes, mittwochs Döner – als ich meine Woche einmal bewusst Revue passieren ließ, wurde mir klar: „Ich will gesünder essen und leben!"

Beim Essen gab es früher kein Halten bei mir. Zwar habe ich schon auf gesunde Lebensmittel geachtet, doch nebenbei – oder besser: zusätzlich – konsumierte ich jede Menge Fast Food und Süßigkeiten. Ich hatte mir gewissermaßen einen Freibrief ausgestellt, immer und überall das zu essen, worauf ich Lust hatte, und davon so viel wie möglich. Mein Gewicht stieg langsam aber stetig an.

Im Studium und erst recht später im Büro verbrachte ich viel Zeit im Sitzen und hatte weniger Zeit für Bewegung – eine fatale Kombi. Aber erst mit WW schaffte ich es, mich dauerhaft ausgewogener zu ernähren. Jeder Tag bietet mir eine neue Chance, gesund zu essen – und die nutze ich und mache etwas daraus.

Mein Start mit WW

Je mehr ich mich in das Punktesystem einfand, umso besser lief es aber. Was mir gefällt: Ich habe die Freiheit, jederzeit das zu essen, was ich mag – aber es gibt keinen Freibrief mehr! Punktefreundliche Lebensmittel habe ich immer im Haus.

Damit kann ich jederzeit leckere Mahlzeiten zaubern. Meine Familie isst mit: Die WW Rezepte schmecken allen. Meine Portionen sind kleiner geworden, ich bin aber auch schneller satt.

Mein Aha-Moment

Wie viele Kilos ich verloren habe, merke ich vor allem, wenn ich meine kleine Tochter abends die Treppe hochtrage, um sie ins Bett zu bringen. Das fällt mir so viel leichter als früher.

Kein Wunder, denn ich habe – bildlich gesprochen – meine Tochter abgenommen: 13 Kilo, so viel wiegt sie heute. Nicht nur beim Treppensteigen komme ich heute nicht mehr aus der Puste, auch Spazierengehen macht endlich wieder Spaß. Meine Kondition ist viel besser geworden: Früher war es für mich eine Herausforderung, fünf Kilometer am Stück zu bewältigen. Jetzt schaffe ich auch 10-Kilometer-Runden ohne Probleme.

Kalbsschnitzel mit Spargel und Sauce Hollandaise

Für 2 Personen Fertig in 35 Min. Davon aktiv 35 Min.

300 g festkochende Kartoffeln
Salz, Pfeffer
500 g weißer Spargel
2 Kalbsschnitzel (à 120 g)
1 EL Paniermehl
1 Ei (Größe M)
1 EL Mehl
2 TL Rapsöl
1 Beutel WW hollandaise sauce
1 TL gehackter Kerbel

1 Kartoffeln schälen und in Salzwasser ca. 20 Minuten garen. Spargel schälen, die holzigen Enden abschneiden und Spargel in Salzwasser ca. 15 Minuten garen. Kalbsschnitzel trocken tupfen und flacher klopfen.

2 Für die Panade Paniermehl in einem tiefen Teller verteilen. Ei mit Salz und Pfeffer in einem weiteren tiefen Teller verquirlen. Schnitzel mit Mehl bestäuben, zuerst in der Eiermischung und danach im Paniermehl wenden.

3 Öl in einer Pfanne auf mittlerer bis hoher Stufe erhitzen und Schnitzel darin 3–4 Minuten von jeder Seite braten. Sauce Hollandaise nach Packungsanweisung zubereiten und mit Kerbel verfeinern. Kartoffeln und Spargel abgießen und mit Schnitzel und Sauce Hollandaise servieren.

10 **SmartPoints Wert** 2021 kJ | 483 kcal

Mmmh!

WW hollandaise sauce für nur 2 SmartPoints pro Portion ist der leichte Klassiker zu Spargel – passt aber auch perfekt zu Broccoli, Blumen- oder Rosenkohl. Erhältlich im WW Studio und auf weightwatchers-shop.de.

Antipastisalat mit Kichererbsen und Minzjoghurt

Für 2 Personen **Fertig in 50 Min.** **Davon aktiv 50 Min.**

3 kleine Zucchini
2 rote Paprika
1/2 unbehandelte Zitrone
1 EL heller Balsamicoessig
2 TL Olivenöl
Salz, Pfeffer
4 getrocknete Tomaten ohne Öl
50 ml heiße Gemüsebrühe
(1/4 TL Instantpulver)
2 Stängel Minze
100 g Magermilchjoghurt
1 Dose Kichererbsen
(265 g Abtropfgewicht)

1 Zucchini waschen und längs in Scheiben schneiden. Paprika waschen, entkernen und in Stücke schneiden. 1 TL Zitronenschale abreiben und Zitronenhälfte auspressen. Für das Dressing Zitronenschale mit Essig, Öl und Salz verrühren.

2 Tomaten ca. 10 Minuten in Brühe einweichen. Zucchinischeiben und Paprikastücke nacheinander fettfrei in einer Grillpfanne auf mittlerer Stufe 3–4 Minuten von jeder Seite braten. Tomaten abtropfen lassen und in Stücke schneiden.

3 Minze waschen, trocken schütteln, hacken und mit Joghurt, 1 EL Zitronensaft, Salz und Pfeffer verrühren. Kichererbsen abspülen, abtropfen lassen und mit Tomatenstücken vermischen. Grillgemüse mit Kichererbsenmischung anrichten und mit Dressing beträufeln. Antipastisalat mit Minzjoghurt servieren.

2 SmartPoints Wert 1628 kJ | 389 kcal

Gefüllte Hähnchenbrust auf italienische Art

Für 4 Personen **Fertig in 55 Min.** **Davon aktiv 20 Min.**

500 g Drillinge (kleine Kartoffeln)
2 TL Olivenöl
3 Knoblauchzehen
Salz, Pfeffer
4 Hähnchenbrustfilets (à 165 g)
2 EL Pesto verde
2 Kugeln fettreduzierter Mozzarella
4 große Tomaten
300 g grüne Bohnen

1 Backofen auf 180° C Umluft (Ober-/Unterhitze nicht empfehlenswert) vorheizen. Kartoffeln waschen, halbieren und auf einem mit Backpapier ausgelegten Backblech verteilen. 1 TL Öl darüberträufeln. Ganze Knoblauchzehen dazugeben, mit Salz und Pfeffer würzen und im Backofen auf mittlerer Schiene 30–35 Minuten goldbraun rösten.

2 Hähnchenbrustfilets abspülen, trocken tupfen, jeweils siebenmal drei Viertel tief einschneiden und auf ein zweites mit Backpapier ausgelegtes Backblech legen. Pesto in jeden Einschnitt streichen. Mozzarella und Tomaten in 14 gleichgroße Scheiben schneiden und halbieren. Je 1 Scheibe Mozzarella und Tomate in die Einschnitte legen und im Backofen auf oberster Schiene ca. 25 Minuten garen.

3 Bohnen waschen und in Salzwasser 3–4 Minuten garen. Bohnen abgießen und mit gefüllter Hähnchenbrust und Kartoffeln servieren.

8 SmartPoints Wert 1983 kJ | 474 kcal

Garnelen-Kimchi-Suppe

Für 4 Personen **Fertig in 45 Min.** **Davon aktiv 15 Min.**

4 Eier (Größe M)
Salz, Pfeffer
600 g küchenfertige Garnelen
1 Liter Gemüsebrühe
(4 1/2 TL Instantpulver)
1 Liter Fischfond
200 g Kimchi
(eingelegter Chinakohl)
240 g trockene Mie-Nudeln
800 g Kai-lan (chinesischer Broccoli, alternativ Pak Choi)
2 Frühlingszwiebeln

1 Eier in kochendem Wasser 5–6 Minuten weich kochen, abschrecken und pellen. Garnelen abspülen und trocken tupfen. Brühe mit Fischfond in einem Topf auf mittlerer Stufe erhitzen und Garnelen mit Kimchi und Nudeln darin ca. 3 Minuten gar ziehen lassen.

2 Kai-lan waschen, in Streifen schneiden und zur Suppe geben. Frühlingszwiebeln waschen und schräg in feine Ringe schneiden. Eier halbieren. Garnelen-Kimchi-Suppe mit Salz und Pfeffer abschmecken, mit Ei und Frühlingszwiebelringen garnieren und servieren.

6 **SmartPoints Wert** 2299 kJ | 550 kcal

Hähnchen Kung Pao mit Reis

Für 4 Personen   Fertig in 50 Min.   Davon aktiv 35 Min.

1 Knoblauchzehe
5 EL Sojasauce
2 EL Mirin (japanischer Reiswein)
2 EL Reisessig
3 EL süße Asia-Chilisauce
600 g Hähnchenbrustfilet
2 rote Paprika
1 grüne Paprika
2 rote Chilischoten
2 Stangen Lauch
240 g trockener Basmatireis
Salz
3 TL Sesamöl
250 ml Gemüsebrühe
(1 TL Instantpulver)
1 EL Speisestärke
3 EL Wasser
2 EL Erdnusscreme

1 Für die Marinade Knoblauch pressen und mit Sojasauce, Mirin, Reisessig und Asia-Chilisauce verrühren. Hähnchenbrustfilet abspülen, trocken tupfen und in Würfel schneiden. Marinade mit Hähnchenbrustwürfeln in einen Gefrierbeutel geben, gut verkneten und im Kühlschrank ca. 20 Minuten marinieren.

2 Paprika und Chilischoten waschen, entkernen und würfeln. Lauch waschen und in Ringe schneiden. Reis nach Packungsanweisung in Salzwasser garen. 2 TL Öl in einem Wok auf mittlerer bis hoher Stufe erhitzen, Paprika-, Chiliwürfel und Lauchringe darin ca. 10 Minuten anbraten und herausnehmen.

3 Hähnchenbrustwürfel abtropfen lassen und dabei Marinade auffangen. Restliches Öl im Bratensatz erhitzen und Hähnchenbrustwürfel darin ca. 5 Minuten dünsten. Mit Marinade und Brühe ablöschen und auf mittlerer Stufe ca. 3 Minuten köcheln lassen.

4 Stärke mit Wasser verquirlen, zu den Hähnchenbrustwürfeln geben und unter Rühren aufkochen. Erdnusscreme einrühren. Gemüse unterheben und erwärmen. Hähnchen Kung Pao mit Salz abschmecken und mit Reis servieren.

10 **SmartPoints Wert** 2419 kJ | 578 kcal

Fischfrikadellen mit Zitronen-remoulade und Ofenkarotten

Für 4 Personen **Fertig in 40 Min.** **Davon aktiv 25 Min.**

1 kg Karotten
4 Zweige Thymian
1/2 unbehandelte Zitrone
1 TL Kapern
2 Gewürzgurken
800 g festkochende Kartoffeln
Salz, Pfeffer
3 TL Olivenöl
600 g Seelachsfilet
1 Ei (Größe M)
4 EL zarte Haferflocken
100 g Frischkäse,
bis 5 % Fett absolut
3 EL Magermilchjoghurt

1 Backofen auf 180° C (Gas: Stufe 2, Umluft: 160° C) vorheizen. Karotten schälen und längs vierteln. Thymian waschen und trocken schütteln. 1 Msp. Zitronenschale abreiben und Zitronenhälfte auspressen. Kapern hacken. Gewürzgurken fein würfeln. Kartoffeln schälen und vierteln.

2 Karottenviertel in eine Auflaufform (ca. 20 x 30 cm) geben, Thymian daraufgeben, mit Salz und Pfeffer würzen, mit 1 TL Öl beträufeln und im Backofen auf mittlerer Schiene ca. 30 Minuten garen. Kartoffelviertel in Salzwasser ca. 20 Minuten garen.

3 Seelachsfilet abspülen, trocken tupfen, fein hacken und mit Ei, Haferflocken, Salz und Pfeffer vermengen. Masse zu 8 Frikadellen formen. Restliches Öl in einer Pfanne auf mittlerer bis hoher Stufe erhitzen und Fischfrikadellen darin 7–8 Minuten von jeder Seite braten.

4 Für die Remoulade Frischkäse mit Joghurt, 1 TL Zitronensaft, Zitronenschale, Kapern und Gewürzgurkenwürfeln verrühren und mit Salz und Pfeffer würzen. Kartoffelviertel abgießen und mit Fischfrikadellen, Zitronenremoulade und Ofenkarotten servieren.

7 SmartPoints Wert 1887 kJ | 451 kcal

Scott
Alter: 37
Erfolg: –16 kg
Teilnahme:
Digital

Scott aus Kanada

Ein Bund fürs Leben

Scott machte seiner Freundin einen Heiratsantrag – und sah seine Zukunft auf einmal in einem ganz anderen Licht.

Hallo ihr Lieben!

Ich heiße Scott und ich habe meinen Weg mit WW einfach mal aufgeschrieben. Ich bin von Beruf Koch – und ich kann von mir sagen, dass ich weiß, was schmeckt. Was aber in den Lebensmitteln steckt, darüber hatte ich mir nie Gedanken gemacht – geschweige denn, was genau mein Körper braucht, um gesund zu bleiben. Erst mit WW habe ich einen Blick für die Inhaltsstoffe von Lebensmitteln bekommen und mache mir heute Gedanken über das, was ich esse.

Wie es überhaupt dazu gekommen ist? Meine größte Motivation für einen gesunden Lebensstil ist meine Freundin Mieke, wie ich Teilnehmer bei WW. Sie ist die Frau, mit der ich mein Leben verbringen und gemeinsam alt werden will. Ich möchte ihr etwas bieten, mit ihr viele Abenteuer bestehen. Das geht aber nur, wenn ich fit bin und gesund bleibe. Das waren so die Gedanken, als ich den Heiratsantrag plante – und WW hilft mir dabei, diese Gedanken in die Tat umzusetzen. Die Hochzeit steht jetzt kurz bevor. Ich habe mir einen schicken Anzug gekauft und hoffe, sie damit beeindrucken zu können – nicht nur mit dem Anzug, sondern auch mit meiner neuen Stärke und meinem neuen Selbstbewusstsein.

Bewegung ist heute ein wichtiger Teil meines Lebens. Da ich auf der Arbeit schon die meiste Zeit auf den Beinen bin, fiel es mir nach Feierabend früher oft schwer, mich zu weiteren Aktivitäten zu motivieren. Aber mit weniger Gewicht fühle ich mich wohler und habe jetzt genug Energie, um Dinge in Angriff zu nehmen, die ich vorher körperlich überhaupt nicht geschafft hätte.

Ein paar Kilos möchte ich gerne noch abnehmen. Ich bin weiterhin motiviert und voller Elan – wie könnte es angesichts der gemeinsamen Zukunft mit Mieke auch anders sein!

Euer Scott

Eier Benedict

Für 4 Personen **Fertig in 20 Min.** **Davon aktiv 5 Min.**

3 Eigelb (Größe M)
220 g Magermilchjoghurt
2 TL Zitronensaft
1 TL Rapsöl
1/2 TL Dijonsenf
Salz, Pfeffer
1/4 TL Paprikapulver
1–2 EL Weißweinessig
4 Eier (Größe M)
1 Handvoll Rucola
2 Toastbrötchen
1 EL Schnittlauchringe

1. Für die Sauce Hollandaise Eigelb auf einem siedenden Wasserbad mit Joghurt und Zitronensaft schaumig schlagen. Öl tröpfchenweise einrieseln lassen und Eigelb dabei kurz weiter schlagen. Senf einrühren und mit Salz, Pfeffer und Paprikapulver würzen.

2. Wasser mit Essig und 1 TL Salz in einem Topf auf hoher Stufe zum Sieden bringen. Eier einzeln in eine Suppenkelle schlagen, langsam in das Wasser geben und ca. 3 Minuten auf niedriger Stufe ziehen lassen.

3. Rucola waschen und trocken schütteln. Toastbrötchen rösten, aufklappen, jeweils mit Rucola und 1 Ei belegen und mit 1 EL Sauce Hollandaise beträufeln. Eier Benedict mit Schnittlauch bestreut servieren.

2 SmartPoints Wert 1039 kJ | 248 kcal

Zaatar-Lachs mit Tabouleh

Für 4 Personen   Fertig in 30 Min.   Davon aktiv 10 Min.

4 Wildlachsfilets (à 125 g)
2 Knoblauchzehen
3 EL Olivenöl
2 TL Zaatar-Gewürzmischung
Salz, Pfeffer
125 g trockener Bulgur
1 Bund Petersilie
1/2 Bund Minze
200 g Cocktailtomaten
1/2 Salatgurke
1 kleine rote Zwiebel
1 unbehandelte Zitrone
1/4 TL Chiliflocken

1 Backofen auf 200° C (Gas: Stufe 3, Umluft: 180° C) vorheizen. Lachsfilets abspülen, trocken tupfen und auf ein mit Backpapier ausgelegtes Backblech legen. Knoblauch pressen und mit 1 EL Olivenöl, Zaatar-Gewürz, Salz und Pfeffer verrühren. Lachsfilets mit Gewürzöl bepinseln und im Backofen auf mittlerer Schiene 15–20 Minuten backen.

2 Für das Tabouleh Bulgur nach Packungsanweisung in Salzwasser garen und kurz abkühlen lassen. Petersilie mit Minze waschen, trocken schütteln und hacken. Tomaten waschen und vierteln. Gurke waschen und würfeln. Zwiebel schälen und fein würfeln. 1 TL Zitronenschale abreiben und Zitrone auspressen.

3 Bulgur mit Gemüse, Kräutern, Zitronensaft, -schale, restlichem Öl, Salz, Pfeffer und Chiliflocken verrühren. Zaatar-Lachs mit Tabouleh servieren.

6 **SmartPoints Wert** 1499 kJ | 358 kcal

Wilder Thymian

Zaatar ist der arabische Name für wilden Thymian, der in Nordafrika und im Nahen Osten wächst. Die Pflanze schmeckt nach einer Mischung aus Oregano, Majoran und natürlich Thymian. Die Gewürzmischung erhältst du in gut sortierten Supermärkten oder im Online-Shop.

Vegane Schokomousse

Für 4 Personen **Fertig in 10 Min.** **Davon aktiv 10 Min.**

280 g Avocado
2 Stängel Minze
150 g Himbeeren
2 EL Kakaopulver
130 ml ungesüßter Mandeldrink
1/2 TL Vanillepaste
1/2 TL Zimt
1 EL Ahornsirup
1 TL Puderzucker

1 Avocado halbieren, Stein entfernen und Fruchtfleisch aus der Schale lösen. Minze waschen und trocken schütteln. Himbeeren waschen und trocken tupfen.

2 Avocadofruchtfleisch mit Kakaopulver, Mandeldrink, Vanillepaste, Zimt und Ahornsirup pürieren. Schokomousse in Gläser füllen und ca. 60 Minuten kalt stellen. Schokomousse mit Minze und Himbeeren garnieren und mit Puderzucker bestäubt servieren.

7 **SmartPoints Wert** 871 kJ | 208 kcal

Indischer Hähnchentopf mit Reis

Für 4 Personen **Fertig in 35 Min.** **Davon aktiv 10 Min.**

200 g trockener Jasminreis
Salz, Pfeffer
1 Zwiebel
1 Stück Ingwer (ca. 2 cm)
1 Knoblauchzehe
2 Hähnchenbrustfilets (à 150 g)
1 EL Rapsöl
1 TL Chiliflocken
1/2 TL Kreuzkümmel
1 EL Garam Masala
1/2 TL gemahlener Koriander
1 TL Kurkuma
3 EL Tomatenmark
100 g Magermilchjoghurt
250 ml Gemüsebrühe
(1 TL Instantpulver)
4 EL fettreduzierte Kokosmilch
1 EL gehackter Koriander

1 Reis nach Packungsanweisung in Salzwasser garen. Zwiebel schälen und würfeln. Ingwer schälen und reiben. Knoblauch pressen. Hähnchenbrustfilets abspülen, trocken tupfen und würfeln.

2 Öl in einer Pfanne auf mittlerer Stufe erhitzen und Zwiebelwürfel darin ca. 2 Minuten andünsten. Ingwer und Knoblauch dazugeben und 1–2 Minuten mitdünsten. Hähnchenbrustwürfel zufügen und 2–3 Minuten mitbraten. Chiliflocken, Kreuzkümmel, Garam Masala, Koriander, Kurkuma, Salz und Pfeffer dazugeben und kurz mitbraten.

3 Tomatenmark einrühren, Joghurt, Brühe und Kokosmilch dazugeben und mit Deckel 10–15 Minuten köcheln lassen. Indischen Hähnchentopf mit Koriander bestreuen und mit Reis servieren.

7 **SmartPoints Wert** 1408 kJ | 337 kcal

Herzhafter Joghurt mit Pesto

Für 1 Person **Fertig in 15 Min.** **Davon aktiv 5 Min.**

150 g Cocktailtomaten
220 g Magermilchjoghurt
2 TL Pesto verde
1 TL Pinienkerne
1 TL gehacktes Basilikum

1 Backofen auf 200° C (Gas: Stufe 3, Umluft: 180° C) vorheizen. Cocktailtomaten waschen, auf ein mit Backpapier ausgelegtes Backblech legen und im Backofen auf mittlerer Schiene ca. 10 Minuten rösten.

2 Joghurt mit Pesto verrühren. Tomaten daraufgeben, mit Pinienkernen und Basilikum bestreuen und herzhaften Joghurt servieren.

3 **SmartPoints Wert** 717 kJ | 171 kcal

Scott's Enchiladas

Für 2 Personen **Fertig in 60 Min.** **Davon aktiv 20 Min.**

250 g Hähnchenbrustfilet
Salz, Pfeffer
1 Gemüsezwiebel
1 rote Paprika
5 Knoblauchzehen
1 TL Olivenöl
400 g stückige Tomaten (Konserve)
1 Msp. Kreuzkümmel
1 TL Chiliflocken
1 TL Zitronensaft
4 kleine Tortilla Wraps
100 g geriebener Käse, 30 % Fett i. Tr.
85 g griechischer Joghurt, bis 0,2 % Fett
1–2 TL Chilipulver
2 Frühlingszwiebeln

1 Hähnchenbrustfilet abspülen, trocken tupfen, in siedendem Salzwasser 20–25 Minuten pochieren und ca. 10 Minuten abkühlen lassen. Zwiebel schälen und würfen. Paprika waschen, entkernen und würfeln. Knoblauch hacken.

2 Für die Sauce Öl in einer Pfanne auf mittlerer Stufe erhitzen und Knoblauch mit Zwiebel- und Paprikawürfeln darin ca. 5 Minuten braten. Mit Tomaten ablöschen, mit Kreuzkümmel, Salz und Pfeffer würzen, mit Chiliflocken und Zitronensaft verfeinern und ca. 5 Minuten köcheln lassen.

3 Backofen auf 200° C (Gas: Stufe 3, Umluft: 180° C) vorheizen. 3 EL Sauce in einer Auflaufform (ca. 20 x 30 cm) verteilen. Hähnchenbrustfilet zerpflücken, Tortilla Wraps damit belegen und jeweils 1 EL Sauce und 1 EL Käse darauf verteilen. Tortilla Wraps aufrollen, in die Auflaufform legen, mit restlicher Sauce und Käse bedecken und im Backofen auf mittlerer Schiene ca. 20 Minuten backen.

4 Joghurt mit Chilipulver, Salz und Pfeffer verrühren. Frühlingszwiebeln waschen und in Ringe schneiden. Enchiladas mit Joghurt und Frühlingszwiebelringen bestreut servieren.

12 **SmartPoints Wert** 2980 kJ | 712 kcal

Butternutkürbis-Lasagne

Für 4 Personen **Fertig in 80 Min.** **Davon aktiv 20 Min.**

1 Zwiebel
1 Knollensellerie
1 Karotte
1 Knoblauchzehe
1 EL Olivenöl
1 TL Chiliflocken
400 g Geflügelhackfleisch (aus Geflügelbrustfilet)
250 g passierte Tomaten (Konserve)
Salz, Pfeffer
2 TL gehackter Rosmarin
2 Eier (Größe M)
500 g Butternutkürbis
100 g Baby-Blattspinat
150 g Ricotta
1 EL geriebener Parmesan

1 Zwiebel, Sellerie und Karotte schälen und würfeln. Knoblauch pressen. Öl in einer Pfanne auf mittlerer Stufe erhitzen und Gemüsewürfel mit Knoblauch und Chiliflocken darin 2–3 Minuten dünsten.

2 Geflügelhackfleisch dazugeben und darin krümelig anbraten. Mit Tomaten ablöschen, mit Salz und Pfeffer würzen, mit Rosmarin verfeinern und Sauce 10–15 Minuten köcheln lassen.

3 Eier in kochendem Wasser 8–10 Minuten hart kochen, abschrecken, pellen und hacken. Backofen auf 200° C (Gas: Stufe 3, Umluft: 180° C) vorheizen. Kürbis schälen, halbieren, Kerne mit einem Löffel entfernen und Kürbis in Streifen schneiden. Spinat waschen und trocken schleudern.

4 Abwechselnd Sauce, Kürbisstreifen, Eier, Spinat und Ricotta in eine tiefe Auflaufform (ca. 20 x 30 cm) schichten, dabei mit Sauce beginnen und abschließen.

5 Lasagne mit Parmesan bestreuen, mit Alufolie bedecken und im Backofen auf mittlerer Schiene ca. 45 Minuten backen. Alufolie entfernen, ca. 15 Minuten fertigbacken und Butternutkürbis-Lasagne servieren.

4 SmartPoints Wert 1527 kJ | 365 kcal

Anna

Alter: 24
Erfolg: –12 kg
Teilnahme: Digital

Anna aus Rheda-Wiedenbrück

Was für ein Happy End!

Hinter der Kamera fühlte ich mich lange am wohlsten. Aber vor der Kamera bewegte ich mich nicht frei und unbeschwert.

Ich studiere Film und unser Studium ist sehr praxisbezogen. Für einen Werbespot, bei dem ich Regie führte, musste ich den Schauspielern einmal demonstrieren, wie ich mir eine bestimmte Szene vorstellte. Die Kamera lief dabei mit. Hinterher habe ich das Material gesichtet und mich echt erschrocken: Das war ich?

Am meisten störte mich mein rundliches Gesicht mitsamt Doppelkinn. Aber auch insgesamt sah ich ziemlich unproportioniert aus. Ehrlich gesagt hatte ich auch schon lange das Gefühl, dass ich mich nicht mehr so frei bewege – ob vor oder hinter der Kamera. Noch am selben Tag meldete ich mich bei WW an.

Kreativ am Herd

Mir gefällt an WW besonders gut, dass man sofort in den neuen Lebensstil einsteigen kann. Man braucht keine besonderen Lebensmittel oder Produkte, um zu starten. Mit dem, was man im Kühlschrank oder im Vorrat hat, kann man gleich loslegen.

Ich liebe es, mit einfachen Zutaten kreativ zu werden und auch außergewöhnliche Rezepte auszuprobieren. Gerne nehme ich mir auch etwas mit ans Set, zum Beispiel Rohkost, anstatt mich dort unkontrolliert am Crew-Buffet zu bedienen.

Action mit der App

In der WW App gibt es eine tolle Community. Der Austausch mit anderen ist extrem motivierend: Zu wissen, dass wir alle in einem Boot sitzen, dass man nicht bewertet wird – das ist einfach toll. In der Community rufen immer mal wieder Teilnehmer zu sportlichen Challenges auf, z. B. 30 Tage lang eine steigende Anzahl von Kniebeugen zu machen. Das hat meinen Ehrgeiz geweckt und mich ordentlich gepusht.

So habe ich entdeckt: Bewegung macht mir richtig Spaß! Gassi gehen mit meinem Hund verbinde ich heute beispielsweise mit Intervalltrainings, indem ich zwischendurch mal fünf Minuten richtig Gas gebe.

Spinatsalat mit lauwarmen Kürbisspalten

Für 1 Person **Fertig in 30 Min.** **Davon aktiv 15 Min.**

1/4 Hokkaidokürbis (ca. 250 g)
2 TL Olivenöl
Salz, Pfeffer
1/2 Orange
1 TL körniger Senf
150 g Baby-Blattspinat
1 TL gehackte Erdnüsse

1 Backofen auf 200° C (Gas: Stufe 3, Umluft: 180° C) vorheizen. Kürbis waschen, halbieren, Kerne mit einem Löffel entfernen und Kürbis in Spalten schneiden. Kürbisspalten auf einem mit Backpapier ausgelegten Backblech verteilen, mit Öl beträufeln, mit Salz und Pfeffer würzen und im Backofen auf mittlerer Schiene ca. 20 Minuten backen.

2 Für das Dressing Orangenhälfte auspressen und Orangensaft mit Senf, Salz und Pfeffer verrühren. Baby-Blattspinat waschen und trocken schleudern. Spinat mit Dressing vermischen, mit Kürbisspalten anrichten und Spinatsalat mit Erdnüssen bestreut servieren.

4 **SmartPoints Wert** 1002 kJ | 239 kcal

Würzige Quinoa-Bowl

Für 1 Person Fertig in 25 Min. Davon aktiv 25 Min.

30 g trockene helle Quinoa
Salz, Pfeffer
2 Stängel Koriander
2 Stängel Petersilie
1 EL Zitronensaft
3 EL Gemüsebrühe
(1/4 TL Instantpulver)
100 g Cocktailtomaten
1/2 Salatgurke
4 Blätter Kopfsalat
1 TL Rapsöl
150 g Tatar
1/2 TL Cayennepfeffer
1/2 TL Kreuzkümmel
2 EL Kidneybohnen (Konserve)
1 EL Mais (Konserve)

1 Quinoa nach Packungsanweisung in Salzwasser garen. Für das Dressing Koriander und Petersilie waschen, trocken schütteln, sehr fein hacken und mit Zitronensaft, Brühe, Salz und Pfeffer verrühren.

2 Tomaten waschen und vierteln. Gurke waschen und würfeln. Salat waschen, trocken schütteln und in mundgerechte Stücke zerteilen. Quinoa ca. 5 Minuten abkühlen lassen. Öl in einer Pfanne auf hoher Stufe erhitzen, Tatar darin krümelig anbraten und mit Salz, Cayennepfeffer und Kreuzkümmel würzen.

3 Kidneybohnen abspülen und mit Mais abtropfen lassen. Quinoa mit Tatar, Kidneybohnen, Mais, Tomatenvierteln, Gurkenwürfeln und Salat in einer Schüssel anrichten, mit Kräuterdressing beträufeln und Quinoa-Bowl servieren.

6 SmartPoints Wert 1919 kJ | 459 kcal

Gebratener Toast mit Erdbeer-Vanille-Creme

Für 1 Person **Fertig in 20 Min.** **Davon aktiv 10 Min.**

150 g Erdbeeren
1/2 Vanilleschote
3 EL Magerquark
1/2 Orange
1 Ei (Größe M)
2 EL entrahmte Milch
1/2 TL Zimt
2 kleine Scheiben Vollkorntoast
1 TL Rapsöl

1 Erdbeeren waschen und trocken tupfen. Vanilleschote längs aufschneiden und das Mark herauskratzen. 50 g Erdbeeren in sehr feine Würfel schneiden und mit Quark und Vanillemark verrühren. Restliche Erdbeeren in Scheiben schneiden. Orangenhälfte auspressen und Erdbeerscheiben mit Orangensaft beträufeln.

2 Ei mit Milch und Zimt in einem tiefen Teller verquirlen und Toastscheiben darin wenden. Öl in einer Pfanne auf mittlerer Stufe erhitzen und Toastscheiben darin 3–5 Minuten von jeder Seite braten.

3 Toastscheiben mit Erdbeer-Vanille-Creme bestreichen, mit Erdbeerscheiben belegen und gebratenen Toast servieren.

6 **SmartPoints Wert** 1716 kJ | 410 kcal

Gerösteter Herbstsalat mit Schnitzelstreifen

Für 2 Personen Fertig in 75 Min. Davon aktiv 30 Min.

250 g Rote Bete
250 g Rosenkohl
1 Zwiebel
1/4 Hokkaidokürbis
Salz, Pfeffer
1 EL gehackter Rosmarin
2 TL Olivenöl
300 g Schweineschnitzel
30 g Walnüsse
2 EL heller Balsamicoessig
100 ml Gemüsebrühe
(1/2 TL Instantpulver)
1 EL kalorienreduzierte Aprikosenkonfitüre
1 TL Honig
1 EL gehackte Petersilie

1 Backofen auf 180° C (Gas: Stufe 2, Umluft: 160° C) vorheizen. Rote Bete schälen und vierteln. Rosenkohl putzen und vierteln. Zwiebel schälen und würfeln. Kürbis waschen, Kerne mit einem Löffel entfernen und Kürbis in Würfel schneiden. Rote-Bete-Viertel, Rosenkohlviertel, Zwiebel- und Kürbiswürfel in eine Auflaufform (ca. 20 x 30 cm) geben und mit Salz, Pfeffer, Rosmarin und 1 TL Öl vermischen. Gemüse im Backofen auf mittlerer Schiene 20–25 Minuten garen und ca. 30 Minuten abkühlen lassen.

2 Schweineschnitzel trocken tupfen und in Streifen schneiden. Restliches Öl in einer Pfanne auf hoher Stufe erhitzen, Schnitzelstreifen darin ca. 5 Minuten rundherum braten, salzen und pfeffern.

3 Walnüsse hacken. Essig, Brühe, Konfitüre, Salz, Pfeffer und Honig verquirlen und mit Gemüse und Walnüssen vermischen. Schnitzelstreifen auf dem Salat anrichten. Herbstsalat mit Petersilie bestreut servieren.

8 SmartPoints Wert 2266 kJ | 542 kcal

Lust auf Abwechslung?

Die Gemüsesorten kannst du nach Lust und Laune variieren. Probiere doch mal Pastinaken, Butternutkürbis oder Broccoli – je nach Saison gibt es viele festfleischige Gemüse, die sich zum Rösten im Ofen eignen.

Mexikanische Thunfischpfanne

Für 1 Person **Fertig in 25 Min.** **Davon aktiv 10 Min.**

40 g trockener Naturreis
Salz, Pfeffer
1 rote Zwiebel
1 Dose Thunfisch im eigenen Saft (150 g Abtropfgewicht)
2 EL Kidneybohnen (Konserve)
2 EL Mais (Konserve)
1 kleine grüne Peperoni
1 TL Olivenöl
50 ml Wasser
2 TL Schmand
1/2 TL Kreuzkümmel
1/4 TL Chilipulver
1/2 TL Limettensaft
1 EL gehackter Koriander

1 Reis nach Packungsanweisung in Salzwasser garen. Zwiebel schälen und würfeln. Thunfisch abtropfen lassen. Kidneybohnen abspülen und mit Mais abtropfen lassen. Peperoni waschen, entkernen und in feine Würfel schneiden.

2 Öl in einer Pfanne auf mittlerer Stufe erhitzen und Zwiebelwürfel darin ca. 3 Minuten andünsten. Mais, Kidneybohnen, Peperoniwürfel, Thunfisch und Wasser zufügen, 3–4 Minuten erwärmen, mit Schmand, Kreuzkümmel und Chilipulver verfeinern und mit Salz und Pfeffer abschmecken.

3 Reis mit Limettensaft und Koriander verfeinern. Mexikanische Thunfischpfanne mit Korianderreis servieren.

6 **SmartPoints Wert** 2011 kJ | 481 kcal

Schnitzel-Tomatenburger

Für 6 Personen **Fertig in 30 Min.** **Davon aktiv 30 Min.**

2 Schweineschnitzel (à 120 g)
1 Ei (Größe M)
Salz, Pfeffer
2 EL Mehl
4 EL Paniermehl
1 EL Rapsöl
3 Blätter Kopfsalat
2 Frühlingszwiebeln
6 große Tomaten
4 EL Salatcreme, bis 10 % Fett

1 Schnitzel trocken tupfen und jeweils in 3 Stücke schneiden. Ei mit Salz und Pfeffer in einem tiefen Teller verquirlen, Mehl und Paniermehl jeweils in einem weiteren tiefen Teller verteilen. Schnitzelstücke erst in Mehl, dann in Ei und anschließend in Paniermehl wenden.

2 Öl in einer Pfanne auf mittlerer bis hoher Stufe erhitzen und Schnitzelstücke darin ca. 5 Minuten von jeder Seite braten. Salat waschen, trocken schütteln und in mundgerechte Stücke zerteilen. Frühlingszwiebeln waschen und in feine Ringe schneiden.

3 Tomaten waschen, waagerecht halbieren, Tomatenhälften leicht aushöhlen, trocken tupfen und mit Salatcreme ausstreichen. Untere Tomatenhälften mit Salat, Mini-Schnitzeln und Frühlingszwiebelringen belegen und mit restlichen Tomatenhälften abdecken. Schnitzel-Tomatenburger servieren.

3 **SmartPoints Wert** 772 kJ | 184 kcal

Sarah
Alter: 40
Erfolg: -14 kg
Teilnahme: Workshop

Sarah aus Australien

Alles auf Neuanfang

Nach ihrer Scheidung musste sich Sarah neu erfinden. Heute vermittelt sie als Wellness Coach, wie wichtig es ist, immer positiv zu denken – und wie lecker Energyballs schmecken …

Sarah hatte in ihrem Leben schon ganz oft neu angefangen: Die gebürtige Australierin hat mit ihrer Familie lange in Südamerika gelebt und baute sich nach der Rückkehr in die alte Heimat dort wieder eine neue Existenz auf.

Dann aber machte ihr die Scheidung von ihrem Mann einen Strich durch die Rechnung – und sie musste sich ihr Leben mit ihrer kleinen Tochter neu einrichten. „Mein Alltag war oft so kompliziert, dass ich eine gesunde Ernährung aus den Augen verlor", erinnert sich Sarah.

Naschkatzen willkommen

Bei WW fühlte sie sich deshalb von Anfang an gut aufgehoben: „Einfache Rezepte mit gängigen Zutaten sind genau mein Ding." Die ehemalige Hauswirtschaftslehrerin begann aber schnell auch damit, eigene Kreationen zu entwickeln – vom Nudelauflauf bis zur Hähnchenpfanne. Geschmack ist ihr dabei extrem wichtig: „Niemand hat Lust auf fade Gerichte!" Ihre Rezepte teilt sie inzwischen auch bei Facebook. Ihre Seite hat Tausende Follower.

Vor allem süße Rezepte gehören zu den Favoriten ihrer Fans – und wem würde beispielsweise beim gestürzten Apfel-Zimt-Kuchen nicht das Wasser im Mund zusammenlaufen? „Jeder Mensch hat Lieblingsgerichte, ohne die er nicht leben kann", weiß Sarah. „Mit WW kann er diese Gerichte weiter genießen – weil er sie gesünder zubereitet."

Ein neuer Fokus

Was war zuerst da: der neue Ernährungsstil oder der Gedanke, besser auf sich zu achten? Sarah kann das heute nicht mehr sagen: „Ich denke vielmehr, dass sich beides bedingt!"

Schon vor einigen Jahren hat sie eine Ausbildung zum Coach gemacht – für sie die schönste Möglichkeit, anderen dabei zu helfen, sich so gut zu fühlen, wie sie sich selbst fühlt.

Sarah's schnelles Tassen-Frühstück

Für 1 Person **Fertig in 5 Min.** **Davon aktiv 5 Min.**

1 Banane
2 getrocknete Datteln
1 Ei (Größe M)
30 g zarte Haferflocken
2 Prisen Zimt
2 Erdbeeren

1 Banane schälen und mit einer Gabel zerdrücken. Datteln hacken, mit Bananenmus, Ei, Haferflocken und Zimt verrühren und in eine Tasse füllen.

2 Tassen-Frühstück in der Mikrowelle bei 800 Watt 2–3 Minuten garen. Erdbeeren waschen, trocken tupfen, in Scheiben schneiden und Sarah's Tassen-Frühstück mit Erdbeerscheiben garniert servieren.

6 **SmartPoints Wert** 1636 kJ | 391 kcal

Mix it!

Dazu passt auch super Magermilchjoghurt für 0 SmartPoints.

Hähnchenbrust aus dem Ofen mit Salat

Für 1 Person **Fertig in 35 Min.** **Davon aktiv 20 Min.**

1 Zweig Thymian
1 Zweig Rosmarin
1 TL Olivenöl
Salz, Pfeffer
200 g Hähnchenbrustfilet
1/2 unbehandelte Zitrone
100 g fettarmer Joghurt
1 kleiner Römersalat
150 g Cocktailtomaten
1 gelbe Paprika

1 Backofen auf 200° C (Gas: Stufe 3, Umluft: 180° C) vorheizen. Für das Würzöl Thymian und Rosmarin waschen, trocken schütteln, hacken und mit Öl, Salz und Pfeffer verrühren.

2 Hähnchenbrustfilet abspülen, trocken tupfen, mit Würzöl bestreichen, auf ein mit Backpapier ausgelegtes Backblech legen und im Backofen auf mittlerer Schiene 20–25 Minuten garen.

3 Für das Dressing 1 Msp. Zitronenschale abreiben und Zitronenhälfte auspressen. Joghurt mit 1 EL Zitronensaft, -schale, Salz und Pfeffer verrühren.

4 Salat waschen, trocken schleudern und in Streifen schneiden. Tomaten waschen und vierteln. Paprika waschen, entkernen und in Würfel schneiden. Salat, Tomatenviertel und Paprikawürfel vermengen und mit Dressing vermischen. Hähnchenbrust aus dem Ofen mit Salat servieren.

3 **SmartPoints Wert** 2063 kJ | 493 kcal

Eine tolle Alternative zu Backpapier

Der WW oven liner ist abwaschbar, beschichtet und kann immer wieder verwendet werden. Erhältlich im WW Studio und auf weightwatchers-shop.de.

Energyballs mit Kokos

Für 20 Stück **Fertig in 10 Min.** **Davon aktiv 10 Min.**

100 g Mandeln
2 EL Kakaopulver
10 getrocknete Datteln
2 EL Honig
2 EL Kokosraspel

1 Mandeln, Kakaopulver, Datteln und Honig pürieren und mit nassen Händen aus der Masse 20 kleine Kugeln formen. Kokosraspel in einem tiefen Teller verteilen, Energyballs darin wälzen und servieren.

2 **SmartPoints Wert** 231 kJ | 55 kcal

Easy peasy Pasta

Für 6 Personen **Fertig in 50 Min.** **Davon aktiv 15 Min.**

1 Zwiebel
3 Knoblauchzehen
2 Karotten
1 Zucchini
1 TL Olivenöl
240 g Geflügelhackfleisch (aus Geflügelbrustfilet)
400 g stückige Tomaten (Konserve)
250 ml Wasser
Salz, Pfeffer
145 g trockene Gabelspaghetti
3 TL gehackter Thymian
60 g geriebener Mozzarella, bis 45 % Fett i. Tr.

1 Backofen auf 180° C (Gas: Stufe 2, Umluft: 160° C) vorheizen. Zwiebel schälen und würfeln. Knoblauch pressen. Karotte schälen, Zucchini waschen und beides grob raspeln.

2 Öl in einer Pfanne auf mittlerer Stufe erhitzen und Zwiebelwürfel mit Knoblauch, Karotten- und Zucchiniraspeln darin ca. 5 Minuten anbraten. Geflügelhack dazugeben und ca. 5 Minuten mitbraten. Mit Tomaten und Wasser ablöschen und mit Salz und Pfeffer würzen.

3 Nudeln und 2 TL Thymian dazugeben, Nudel-Gemüse-Mischung in eine Auflaufform (ca. 20 x 30 cm) füllen und mit Mozzarella bestreuen. Pasta im Backofen auf mittlerer Schiene ca. 35 Minuten backen und mit restlichem Thymian bestreut servieren.

4 **SmartPoints Wert** 823 kJ | 197 kcal

Gestürzter Apfel-Zimt-Kuchen

Für 12 Stücke **Fertig in 70 Min.** **Davon aktiv 15 Min.**

800 g säuerliche Äpfel (z. B. Granny Smith)
2 EL brauner Zucker
2 TL Zimt
140 g Apfelmus, ohne Zucker
110 g Puderzucker
2 Eier (Größe M)
50 g Magermilchjoghurt
150 g Mehl
1 Msp. Backpulver

1 Backofen auf 180° C (Gas: Stufe 2, Umluft: 160° C) vorheizen. Äpfel vierteln, entkernen, schälen und würfeln. Braunen Zucker und 1 TL Zimt verrühren, eine mit Backpapier ausgelegte Springform (Ø 22 cm) damit bestreuen und Apfelwürfel darauf verteilen.

2 Apfelmus mit Puderzucker verrühren und Eier nacheinander unterrühren. Joghurt und restlichen Zimt unterrühren, Mehl und Backpulver dazugeben und Teig über die Apfelwürfel geben. Apfel-Zimt-Kuchen im Backofen auf mittlerer Schiene ca. 55 Minuten backen, stürzen und servieren.

4 **SmartPoints Wert** 823 kJ | 197 kcal

Fun Facts

Eine Apfelsorte aus Australien eroberte die Welt: der Granny Smith. Eine gewisse Maria Ann Smith wanderte in den 30er-Jahren des 19. Jahrhunderts von England nach Australien aus. Ihre Familie ließ sich im Sydneyer Vorort Eastwood nieder. „Oma Smith" soll vom Markt einige Obstkisten mitgebracht haben, in denen ein paar angefaulte tasmanische Äpfel lagen, die sie in der Nähe eines Baches ausschüttete. Aus den Kernen wuchsen Apfelbäume, die weitergezüchtet wurden – daraus entstand die grüne Sorte „Granny Smith". Jeden Oktober findet in Eastwood das Granny Smith Festival statt, das über 60.000 Menschen anlockt.

Daniela
Alter: 36
Erfolg: –15 kg
Teilnahme: Digital

Daniela aus Neuhäusel/Westerwald

Do it (for) yourself

Beim Zubinden meiner Schuhe war auf einmal eine Speckrolle im Weg. Da wurde mir klar, wie unwohl ich mich schon seit Monaten in meinem Körper fühlte.

Mein Start mit WW

Nach meinen Schwangerschaften hatte ich durch das Stillen meine alte Figur eigentlich schnell wieder. Doch ich hatte es mir in der Stillzeit angewöhnt, öfter mal zu naschen. Die Süßigkeiten setzten schließlich nicht an.

Das änderte sich allerdings nach der Stillzeit. Mein Heißhunger auf Schokolade & Co. verschwand erst wieder, als ich mit WW gesünder und frischer kochte.

Mein Start in den Tag

Morgens esse ich nach wie vor gerne süß: Statt zwei Toasts mit reichlich Nuss-Nougat-Creme gibt es heute punktefreundliches Knusperbrot, das ich mit dunkler Schokocreme oder Marmelade bestreiche.

Meine Tipps für Vegetarier

Als Vegetarierin habe ich schon immer viel Gemüse und Obst gegessen, aber nicht unbedingt gesund gekocht. Darauf achte ich heute:

- Bei Gemüsecurry dosiere ich Kokosmilch sparsamer oder nehme ein fettreduziertes Produkt.
- Nudeln mit Tomatensauce – eines der Lieblingsgerichte meiner Kinder – peppe ich für mich mit einer Extraportion Gemüse auf.
- Tomatensauce schmeckt ohne den früher obligatorischen Schuss Sahne genauso gut.
- Rezepte mit Tatar kann man leicht durch Veggie-Hack ersetzen, denn die meisten Produkte haben die gleichen Punkte.

Mein neues Lebensgefühl

In den vergangenen Jahren habe ich mir einen Do it yourself-Blog aufgebaut. Letztens habe ich für ein Upcycling-Projekt ein Oberteil aus meinem Kleiderschrank und ein Hemd von meinem Mann zu einem Kleid umgenäht.

Um meinen Lesern das Ergebnis zu zeigen, habe ich das Kleid nicht etwa auf einem Kleiderständer fotografiert, sondern selbst angezogen und ein Foto davon gepostet – einfach herrlich.

Superfood-Bowl mit Gojibeeren und Chia-Samen

Für 2 Personen **Fertig in 15 Min.** **Davon aktiv 15 Min.**

100 g Erdbeeren
50 g Himbeeren
50 g Heidelbeeren
10 Mandeln
1 kleine Banane
400 g Magerquark
80 ml entrahmte Milch
4 EL Wasser
2 TL Chia-Samen
2 TL getrocknete Gojibeeren

1 Erdbeeren mit Himbeeren und Heidelbeeren waschen und trocken tupfen. Mandeln grob hacken. Banane schälen und in Stücke schneiden. Bananenstücke mit Erdbeeren, Himbeeren, Quark, Milch und Wasser pürieren.

2 Fruchtpüree in Schüsseln füllen, mit Heidelbeeren, Chia-Samen, Gojibeeren und Mandeln garnieren und Superfood-Bowl servieren.

6 **SmartPoints Wert** 1234 kJ | 295 kcal

Kennst du Gojibeeren?

Die Gojibeere, auch Wolfsbeere genannt, ist in China und der Mongolei beheimatet. Sie enthält viele Vitamine, denen nachgesagt wird, dass sie das Immunsystem stärken können. Die Gojibeere ist mittlerweile in vielen Supermärkten erhältlich.

Vollkornpenne mit Broccoli und getrockneten Tomaten

Für 2 Personen **Fertig in 35 Min.** **Davon aktiv 20 Min.**

2 getrocknete Tomaten ohne Öl
250 ml heiße Gemüsebrühe
(1 TL Instantpulver)
500 g Broccoli
1 Zweig Rosmarin
1 TL Rapsöl
180 g trockene Vollkornpenne
Salz, Pfeffer
2 EL Hüttenkäse,
bis 5 % Fett absolut
1 Msp. abgeriebene unbehandelte Zitronenschale

1 Tomaten ca. 10 Minuten in 50 ml Brühe einweichen. Broccoli waschen und in kleine Röschen teilen. Rosmarin waschen, trocken schütteln und hacken. Tomaten abtropfen lassen und hacken.

2 Öl in einer Pfanne auf mittlerer Stufe erhitzen und Broccoliröschen darin 4–5 Minuten braten. Nudeln nach Packungsanweisung in Salzwasser garen.

3 Tomaten und Rosmarin zu den Broccoliröschen geben, mit restlicher Brühe ablöschen und 6–8 Minuten köcheln lassen. Nudeln abgießen, dazugeben und mit Hüttenkäse und Zitronenschale verfeinern. Vollkornpenne mit Salz und Pfeffer abschmecken und servieren.

10 **SmartPoints Wert** 1927 kJ | 461 kcal

Daniela aus Neuhäusel/Westerwald

Vegetarische Brotfrikadellen mit Kohlrabigemüse

Für 2 Personen   Fertig in 30 Min.   Davon aktiv 20 Min.

1 Zwiebel
200 g Champignons
1/2 Bund Petersilie
2 Kohlrabi
3 kleine Scheiben Vollkorntoast
3 TL Rapsöl
Salz, Pfeffer
100 ml entrahmte Milch
2 Eier (Größe M)
1/2 TL Paprikapulver
250 ml Gemüsebrühe
(1 TL Instantpulver)
1 EL Crème légère
1 TL Schnittlauchringe

1 Zwiebel schälen und fein würfeln. Champignons trocken abreiben und in dünne Scheiben schneiden. Petersilie waschen, trocken schütteln und hacken. Kohlrabi schälen und in Stifte schneiden. Toast würfeln.

2 1 TL Öl in einer Pfanne auf mittlerer Stufe erhitzen, Zwiebelwürfel und Champignonscheiben darin 3–4 Minuten andünsten, salzen, pfeffern und mit Milch ablöschen.

3 Eier verquirlen, mit Toastwürfeln, Pilzmischung und Petersilie verrühren und mit Salz, Pfeffer und Paprikapulver würzen.

4 Restliches Öl in einer Pfanne auf mittlerer Stufe erhitzen, aus der Masse mithilfe eines Eiskugelportionierers 6 Frikadellen in die Pfanne geben, leicht flach drücken und 4–5 Minuten von jeder Seite braten.

5 Kohlrabistifte in Brühe 8–10 Minuten garen, mit Crème légère und Schnittlauch verfeinern und mit Salz und Pfeffer abschmecken. Brotfrikadellen mit Kohlrabigemüse servieren.

6 SmartPoints Wert 1657 kJ | 396 kcal

Fruchtige Kürbissuppe mit Walnüssen

Für 4 Personen **Fertig in 30 Min.** **Davon aktiv 15 Min.**

1 Hokkaidokürbis (ca. 1,2 kg)
1 Stange Lauch
1 Karotte
1 TL Walnussöl
1,25 Liter Gemüsebrühe
(1 EL Instantpulver)
2 Orangen
1 TL Kurkuma
Salz, Pfeffer
3 TL gehackte Walnüsse

1 Kürbis waschen, halbieren, Kerne mit einem Löffel entfernen und Kürbis würfeln. Lauch waschen und in Ringe schneiden. Karotte schälen und in Scheiben schneiden.

2 Öl in einem Topf auf mittlerer Stufe erhitzen, Kürbiswürfel, Lauchringe und Karottenscheiben darin kurz anbraten, mit Brühe ablöschen und mit Deckel 12–15 Minuten garen.

3 Orangen auspressen. Kürbissuppe pürieren, mit Orangensaft und Kurkuma verfeinern und mit Salz und Pfeffer abschmecken. Kürbissuppe mit Walnüssen bestreut servieren.

1 SmartPoints Wert 1193 kJ | 285 kcal

Der Hokkaido

Frisch ist der Kürbis von September bis März erhältlich. Besonders praktisch ist, dass die Schale mitgegart und mit verzehrt werden kann. Außerhalb der Saison, oder wenn du wenig Zeit zum Kochen hast, findest du Kürbiswürfel in der Tiefkühlabteilung von Supermärkten.

Daniela aus Neuhäusel/Westerwald

Pumpernickelsandwich mit Tomaten-Basilikum-Frischkäse

Für 1 Person **Fertig in 15 Min.** **Davon aktiv 15 Min.**

2 getrocknete Tomaten ohne Öl
50 ml heiße Gemüsebrühe
(1/4 TL Instantpulver)
2 Stängel Basilikum
1 Gewürzgurke
2 Blätter Eisbergsalat
2 EL Frischkäse,
bis 5 % Fett absolut
Salz, Pfeffer
2 Scheiben Pumpernickel
30 g vegetarischer Aufschnitt

1 Tomaten ca. 10 Minuten in Brühe einweichen. Basilikum waschen, trocken schütteln und hacken. Gewürzgurke längs in Scheiben schneiden. Salat waschen und trocken schütteln.

2 Tomaten abtropfen lassen, hacken und mit Frischkäse, Basilikum, Salz und Pfeffer verrühren. Pumpernickel mit Tomaten-Basilikum-Frischkäse bestreichen, eine Scheibe mit Salat, Aufschnitt und Gewürzgurkenscheiben belegen und mit restlicher Scheibe abdecken. Pumpernickelsandwich servieren.

9 **SmartPoints Wert** 1447 kJ | 346 kcal

Variante

Mit 30 g Geflügelbrustaufschnitt hat das Sandwich einen SmartPoints Wert von 7.

Halloumispieße mit Granatapfel-Chili-Marinade

Für 4 Personen **Fertig in 85 Min.** **Davon aktiv 15 Min.**

je 1 rote und gelbe Paprika
1/2 Granatapfel
200 g Halloumi
1 rote Chilischote
3 Stängel Minze
1 EL Olivenöl
Salz, Pfeffer

1 Paprika waschen, entkernen und in Stücke schneiden. Granatapfel halbieren, die Kerne herauslösen und 2 EL Saft auffangen. Halloumi trocken tupfen und in 24 Würfel schneiden.

2 Für die Marinade Chilischote waschen, entkernen und hacken. Minze waschen, trocken schütteln und drei Viertel der Minze hacken. Chili mit gehackter Minze, Granatapfelsaft, Öl, Salz und Pfeffer verrühren.

3 Marinade mit Paprikastücken und Halloumiwürfeln in einen Gefrierbeutel geben, gut verkneten und im Kühlschrank ca. 60 Minuten marinieren. Paprikastücke und Halloumiwürfel abtropfen lassen, dabei die Marinade auffangen, und abwechselnd auf 4 Spieße reihen.

4 Halloumispieße auf dem Rost 2–3 Minuten von jeder Seite grillen. Halloumispieße mit restlicher Marinade bestreichen, mit Granatapfelkernen und restlicher Minze bestreuen und servieren.

7 SmartPoints Wert 1021 kJ | 244 kcal

Ron
Alter: 36
Erfolg: –4 kg
Teilnahme: Digital

Ron aus den USA

Let's dance

Tänzer Ron geriet bei der Salsa immer schneller ins Schwitzen. Heute fühlt er sich beim Hüftschwung auf dem Parkett wieder wohl.

Leidenschaft für gesunde Küche
Mit WW entdeckte Ron seine Liebe für eine gesunde, frische Küche. Vorher hatte er Pizza, Pasta & Co. vor allem beim Lieferservice bestellt. In der wenigen Freizeit, die dem promovierten Wissenschaftler blieb, hätte er sich seinerzeit niemals freiwillig in die Küche gestellt.

Hinzu kam: Ron schmeckten die Gerichte vom Bestellservice auch gut. Heute isst er immer noch seine Lieblingsgerichte, aber er kocht sie nach WW Rezepten schnell und unkompliziert selbst. „Früher habe ich zum Beispiel häufig süß-saures Hähnchen bestellt. Das war natürlich frittiert", erinnert er sich.

„Inzwischen stehe ich zu Hause selbst am Wok und verwende für die Gerichte wesentlich weniger Öl und mehr gesundes Gemüse wie Broccoli." Zum Bobotie, einem Hackfleischauflauf, reicht Ron heute statt weißem Reis lieber Naturreis, weil der ihn dank seiner Ballaststoffe länger satt macht.

Und für Partys hat er ein einfaches, aber leckeres Rezept parat, das bei seinen Gästen immer gut ankommt: Chili mit Rinderfilet.

Raus aus der Komfortzone
Seiner Leidenschaft für die Salsa ist Ron treu geblieben und legt heute noch mehr Fröhlichkeit in den Tanz hinein: „Salsa ist eine Lebenseinstellung – und das gilt auch für WW", freut er sich.

Mit einem neuen Hobby hat er sich noch einmal herausgefordert: Ron läuft jetzt nämlich auch und hat schon sagenhafte drei Halb-Marathons gefinisht!

Chili mit Rinderfilet

Für 8 Personen Fertig in 65 Min. Davon aktiv 20 Min.

450 g Rinderfilet
2 Stangen Staudensellerie, 1 Zwiebel
1 kleine Jalapeño (ersatzweise 1 grüne Chilischote)
1–2 Knoblauchzehen
850 g Kidneybohnen (Konserve)
2 TL Olivenöl
Salz, Pfeffer, 1–2 EL Chilipulver
2 TL gemahlener Kreuzkümmel, 1/2 TL Paprikapulver
1 TL gehackter Oregano, 2 Lorbeerblätter
800 g stückige Tomaten (Konserve)
250 g passierte Tomaten (Konserve)
250 ml Gemüsebrühe (1 TL Instantpulver)
2 Schalotten

1 Rinderfilet trocken tupfen und in kleine Würfel schneiden. Sellerie waschen, Zwiebel schälen, Jalapeño waschen, entkernen und alles in Würfel schneiden. Knoblauch pressen. Kidneybohnen abspülen und abtropfen lassen. 1 TL Öl in einem Topf auf hoher Stufe erhitzen, Rinderfiletwürfel darin ca. 5 Minuten rundherum anbraten und herausnehmen. Restliches Öl im Topf auf mittlerer Stufe erhitzen und Knoblauch mit Sellerie-, Jalapeño- und Zwiebelwürfeln darin ca. 3 Minuten anbraten.

2 Filetwürfel mit Salz, Chilipulver, Kreuzkümmel, Paprikapulver und Oregano würzen, Lorbeerblätter zufügen, gut vermischen und mit Tomaten und Brühe ablöschen. Kidneybohnen zufügen, aufkochen und auf mittlerer Stufe ca. 30 Minuten garen. Schalotten schälen und in Würfel schneiden. Lorbeerblätter entfernen, Chili abschmecken und mit Schalottenwürfeln garniert servieren.

2 **SmartPoints Wert** 996 kJ | 238 kcal

Pumpkin Bread

Für 16 Stücke Fertig in 1 Std. 55 Min. Davon aktiv 25 Min.

400 g Hokkaidokürbisfruchtfleisch
1 Stück Ingwer (ca. 2 cm)
100 g brauner Zucker
80 g Halbfettmargarine
3 Eier (Größe M)
2 EL Ahornsirup
250 g Mehl
1/2 Päckchen Backpulver
1 EL Zimt
1 TL entrahmte Milch
3 EL Puderzucker

1 Hokkaidokürbisfruchtfleisch grob raspeln. Ingwer schälen und reiben. Backofen auf 180° C (Gas: Stufe 2, Umluft: 160° C) vorheizen. Zucker mit Margarine schaumig schlagen und Eier nacheinander unterrühren.

2 Kürbisraspel mit Ingwer, Ahornsirup, Mehl, Backpulver und Zimt dazugeben und verrühren. Teig in eine mit Backpapier ausgelegte Kastenform (Länge 30 cm) geben, glatt streichen, im Backofen auf mittlerer Schiene ca. 50 Minuten backen und ca. 30 Minuten auskühlen lassen.

3 Für die Glasur Milch mit Puderzucker verrühren und Kuchen damit bestreichen. Pumpkin Bread servieren.

5 **SmartPoints Wert** 612 kJ | 146 kcal

Bobotie (Hackfleischauflauf)

Für 4 Personen **Fertig in 65 Min.** **Davon aktiv 20 Min.**

1 Zwiebel
1 große Karotte
1 säuerlicher Apfel (z. B. Boskoop, Granny Smith, Topaz)
1 Knoblauchzehe
2 TL Rapsöl
450 g Tatar
4 EL Rosinen
2 Lorbeerblätter
Salz, Pfeffer
1 EL Currypulver
1 TL Chilipulver
je 1/2 TL gemahlener Kreuzkümmel und Koriander
1/4 TL gemahlene Nelken
60 ml trockener Rotwein
3 EL Mangochutney
2 Eier (Größe M)
120 ml fettarme Milch

1 Zwiebel und Karotte schälen, Apfel vierteln, entkernen, schälen und alles fein würfeln. Knoblauch fein hacken. Kastenform (Länge 26 cm) mit 1 TL Öl fetten.

2 Restliches Öl in einer Pfanne auf mittlerer Stufe erhitzen, Tatar darin krümelig anbraten und herausnehmen. Im Bratensatz Zwiebel-, Karotten- und Apfelwürfel mit Rosinen und Lorbeerblättern ca. 5 Minuten anbraten. Knoblauch mit Salz, Pfeffer und Gewürzen zufügen und ca. 2 Minuten mitbraten.

3 Backofen auf 200° C (Gas: Stufe 3, Umluft: 180° C) vorheizen. Tatar zur Gemüsemischung geben, mit Wein ablöschen und ca. 5 Minuten köcheln lassen. Lorbeerblätter entfernen, Chutney unterrühren und Tatarmasse in die Kastenform geben.

4 Eier mit Milch verquirlen, gleichmäßig über die Masse verteilen und im Backofen auf mittlerer Schiene 20–25 Minuten backen. Bobotie leicht abkühlen lassen und nach Wunsch mit Salat servieren.

8 **SmartPoints Wert** 1405 kJ | 336 kcal

Info

Bobotie ist ein Hackbraten aus scharf gewürztem Hackfleisch, welcher mit Früchten gemischt wird. Er stammt ursprünglich aus Indonesien.

Steak-Burger mit Zwiebelringen

Für 1 Person **Fertig in 25 Min.** **Davon aktiv 20 Min.**

1 kleine rote Zwiebel
2 Blätter Eisbergsalat
1 Gewürzgurke
150 g Rindersteak
1 TL Olivenöl
Salz, Pfeffer
1 Vollkornbrötchen
1 EL Salatcreme, bis 10 % Fett

1 Zwiebel schälen und in Ringe schneiden. Salat waschen und trocken schütteln. Gewürzgurke längs in Scheiben schneiden. Steak trocken tupfen. Öl in einer Pfanne auf hoher Stufe erhitzen, Steak darin 3–5 Minuten von jeder Seite braten, salzen, pfeffern, herausnehmen und in Alufolie gewickelt 5–10 Minuten ruhen lassen.

2 Zwiebelringe im Bratensatz auf mittlerer Stufe 2–3 Minuten dünsten. Brötchen aufschneiden, mit Salatcreme bestreichen, untere Hälfte mit Salat, Steak, Gurkenscheiben und Zwiebelringen belegen, mit oberer Brötchenhälfte abdecken und Steak-Burger servieren.

10 **SmartPoints Wert** 1849 kJ | 442 kcal

Spicy Beef Tacos

Für 4 Personen Fertig in 30 Min. Davon aktiv 15 Min.

1 TL Olivenöl
2 Knoblauchzehen
350 g Tatar
1 TL Kreuzkümmel
1 TL gemahlener Koriander
Salz, Pfeffer
300 g passierte Tomaten (Konserve)
1 kleiner Eisbergsalat
70 g Gouda, 30 % Fett i. Tr.
4 kleine Tortilla Wraps
4 EL Salsasauce

1 Öl in einer Pfanne auf hoher Stufe erhitzen, Knoblauch dazupressen und 2–3 Minuten anbraten. Tatar dazugeben und krümelig anbraten. Kreuzkümmel, Koriander und 1/2 TL Salz zufügen, kurz mitbraten, mit Tomaten ablöschen, ca. 6 Minuten köcheln lassen und mit Salz und Pfeffer würzen.

2 Salat waschen, trocken schleudern und in feine Streifen schneiden. Käse in feine Stifte schneiden. Tortillas mit Tatarmischung, Salatstreifen und Käsestiften belegen und mit Salsasauce beträufeln. Wrap zusammenklappen und Spicy Beef Tacos servieren.

8 SmartPoints Wert 1333 kJ | 319 kcal

Rosinenmuffins mit Weizenkleie

Für 12 Stück **Fertig in 50 Min.** **Davon aktiv 15 Min.**

150 g Rosinen
150 g Weizenvollkornmehl
50 g Weizenkleie
1/4 TL Meersalz
1 TL Natron
1 TL Zimt
60 g Halbfettmargarine
130 g brauner Zucker
1 Ei (Größe M)
250 ml Buttermilch

1 Backofen auf 200° C (Gas: Stufe 3, Umluft: 180° C) vorheizen. Rosinen hacken. Mehl mit Weizenkleie, Salz, Natron und Zimt vermengen. Margarine mit Zucker ca. 5 Minuten schaumig schlagen, Ei zugeben und gut verrühren.

2 Die Hälfte der Mehlmischung und der Buttermilch zugeben, gut vermengen und restliche Mehlmischung und Buttermilch unterrühren.

3 Rosinen unterheben. Teig in 12 Silikon-Muffinförmchen oder Papiermanschetten füllen, im Backofen auf mittlerer Schiene 15–20 Minuten backen und auskühlen lassen. Rosinenmuffins servieren.

7 **SmartPoints Wert** 696 kJ | 166 kcal

Anne
Alter: 35
Erfolg: –28 kg
Teilnahme:
Workshop

Anne aus Frankreich

Ein Vorbild für die Familie

Wellness Coach Marie-José beschreibt Anne's Weg mit WW.

Endlich unbeschwert mit den Kindern toben: Anne wünschte sich nichts mehr als ein aktives Leben mit ihrer Familie.

Anne bedeutet ihre Familie mehr als alles andere auf der Welt. Das habe ich gleich gemerkt, als ich sie kennenlernte. Sie wollte am besten von jetzt auf gleich abnehmen, um wieder mit voller Power für ihre Kinder und ihren Mann da sein zu können. Sie selbst hatte als Schülerin im Internat gelebt und war dort oft unglücklich, weil sie ihre Familie vermisste.

Kein Wunder, dass es ihr nun so wichtig war, ein ausgefülltes Leben mit ihrer eigenen kleinen Familie zu führen. Während der Zeit im Internat hatte Anne oft Trost im Essen gesucht und sie hatte auch nie wirklich gelernt, gesund zu kochen. In meinem Workshop konnte ich ihr jede Woche neue Tipps mit auf den Weg geben, mit denen sie ihre Essgewohnheiten ändern und neue gesunde Routinen in ihren Alltag integrieren konnte.

Essen, wenn andere schlafen

Als Krankenschwester arbeitet Anne im Schichtdienst. Die wechselnden Arbeitszeiten stellten eine Herausforderung für sie dar. Doch mit einem neuen Essensplan, Rezepten für viele gesunde Gerichte und Tipps für Lebensmittel mit wenig Punkten bleibt sie heute sogar von Heißhungerattacken verschont.

Im Workshop tauscht sich Anne immer gerne mit anderen Teilnehmern über Rezepte aus. Ihr Herz schlägt für Fisch und Meeresfrüchte. Die Lachs-Tarte mit Dill liebt sie heiß und innig. Zum Nachtisch kommt viel Obst auf den Tisch, etwa die Apfelschnitten „Pommes Tartines". Der neue Ernährungsstil ist bei Anne inzwischen zur Routine geworden.

Zeit für Veränderung

Ich habe sie immer ermutigt, ihren eigenen, ganz individuellen Weg zu finden und sich die Zeit für Veränderungen zu nehmen. Was Anne besonders glücklich macht, ist, dass nicht nur sie selbst gesünder und ausgewogener isst, sondern ihre ganze Familie.

Getoppt wird das neue Lebensgefühl nur noch, wenn sie den Kindern heute draußen beim Spielen hinterherjagt. Meine Mission als Wellness Coach habe ich damit voll erfüllt.

Sandwich „Croque Normand"

Für 2 Personen Fertig in 15 Min. Davon aktiv 10 Min.

1 säuerlicher Apfel (z. B. Boskoop)
4 kleine Scheiben Toast
2 TL Halbfettmargarine
60 g Camembert, 30 % Fett i. Tr.
3 EL saure Sahne

1 Apfel schälen, vierteln, entkernen, in dicke Scheiben schneiden und fettfrei in einer Pfanne auf mittlerer Stufe 2–3 Minuten braten. Toastscheiben flacher rollen, jeweils 2 Kreise ausschneiden und jeweils eine Seite mit Margarine bestreichen. 30 g Camembert in Scheiben schneiden.

2 Einige Apfelscheiben zur Seite stellen, 4 Toastkreise mit restlichen Apfel- und Camembertscheiben belegen und mit restlichem Toast abdecken. In einem Sandwich-Toaster goldbraun backen.

3 Restlichen Camembert von seiner Rinde befreien und mit saurer Sahne in einem Topf auf niedriger Stufe schmelzen lassen. Croque Normand mit Apfelscheiben garnieren und mit Camembertsauce servieren.

6 SmartPoints Wert 1192 kJ | 285 kcal

Französischer Fischeintopf

Für 4 Personen   Fertig in 50 Min.   Davon aktiv 20 Min.

1 kg Miesmuscheln
1 Zwiebel
1 Fenchelknolle
2 TL Olivenöl
2 Knoblauchzehen
1 TL Fenchelsamen
1 Prise Chiliflocken
3 EL Pernod
400 g stückige Tomaten (Konserve)
200 ml kaltes Wasser
Salz, Pfeffer
einige Stängel Petersilie
500 g Seeteufelfilet

1 Muscheln unter fließendem Wasser gründlich reinigen und offene Muscheln entsorgen. Zwiebel schälen und fein hacken. Fenchel waschen, halbieren, Strunk entfernen und Fenchel in Streifen schneiden.

2 Öl in einer großen Pfanne auf mittlerer bis hoher Stufe erhitzen und Zwiebeln mit Fenchelstreifen darin 6–8 Minuten andünsten. Knoblauch fein hacken, mit Fenchelsamen und Chiliflocken in die Pfanne geben und kurz mitdünsten. Pernod, Tomaten und Wasser dazugeben. Mit Salz und Pfeffer würzen und weitere ca. 10 Minuten köcheln lassen, bis die Flüssigkeit etwas eingekocht ist.

3 Petersilie waschen, trocken schütteln und hacken. Seeteufelfilet abspülen, trocken tupfen und in grobe Stücke schneiden. Erst Seeteufelstücke, dann Muscheln in die Pfanne geben und mit Deckel ca. 5 Minuten garen, bis die Muscheln geöffnet sind. Nicht geöffnete Muscheln entsorgen. Pfanne vom Herd nehmen und 2–3 Minuten ziehen lassen. Vorsichtig umrühren, damit der Fisch nicht auseinanderfällt. Französischen Fischeintopf mit Petersilie bestreut servieren.

2 SmartPoints Wert   885 kJ | 212 kcal

Leichte Crêpes

Für 8 Stück   Fertig in 25 Min.   Davon aktiv 10 Min.

1 Ei (Größe M)
250 ml fettarme Milch
120 g Mehl
3 TL Sonnenblumenöl

1 Ei mit Milch verquirlen und mit Mehl verrühren. Teig ca. 20 Minuten quellen lassen.

2 Öl portionsweise in einer kleinen Pfanne auf mittlerer Stufe erhitzen und darin nacheinander 8 Crêpes backen, dabei 1–2 Minuten von jeder Seite braten. Fertige Crêpes im Backofen bei 60° C warm stellen. Leichte Crêpes servieren.

3 **SmartPoints Wert** 390 kJ | 93 kcal

Tipp

Für mehr Süße bestäube die Crêpes mit 2 EL Puderzucker. Der SmartPoints Wert pro Stück bleibt gleich.

Lachs-Tarte mit Dill

Für 8 Stücke Fertig in 60 Min. Davon aktiv 30 Min.

150 g Mehl
1/4 TL Backpulver
75 g gekühlte Halbfettmargarine
Salz, Pfeffer
2–3 EL eiskaltes Wasser
75 g Broccoliröschen
200 g Räucherlachs
1 Bund Frühlingszwiebeln
1 TL Rapsöl
3 Eier (Größe M)
150 g Crème légère
2 TL abgeriebene unbehandelte Zitronenschale
1 EL gehackter Dill

1 Mehl, Backpulver, Margarine und 1 Prise Salz vermischen, Wasser zugeben und zu einem Teig verkneten. Backofen auf 200° C (Gas: Stufe 3, Umluft: 180° C) vorheizen. Teig zwischen Frischhaltefolie rund ausrollen, eine Quicheform (Ø 20 cm) damit auskleiden und dabei einen ca. 2 cm hohen Rand formen. Teig mit Backpapier abdecken, mit 500 g trockenen Hülsenfrüchten beschweren, im Backofen auf mittlerer Schiene ca. 10 Minuten blind backen und Backpapier mit Hülsenfrüchten entfernen.

2 Broccoliröschen waschen, in Salzwasser ca. 5 Minuten garen und abgießen. Lachs in Streifen schneiden. Frühlingszwiebeln waschen und in Ringe schneiden. Öl in einer Pfanne auf mittlerer Stufe erhitzen und Frühlingszwiebelringe darin 3–4 Minuten dünsten. Eier mit Crème légère, Zitronenschale und Dill verquirlen, salzen und pfeffern. Lachsstreifen mit Broccoliröschen und Frühlingszwiebelringen auf der Tarte verteilen, Eierguss darübergießen, im Backofen auf unterster Schiene ca. 30 Minuten backen und Lachs-Tarte servieren.

5 SmartPoints Wert 950 kJ | 227 kcal

Apfelschnitten „Pommes Tartines“

Für 4 Personen **Fertig in 2 Std. 15 Min.** **Davon aktiv 15 Min.**

1 unbehandelte Zitrone
4 Äpfel (z. B. Golden Delicious)
2 unbehandelte Orangen
1 Liter Wasser
1 Vanilleschote
2 Sternanis
1 TL Zimt
1 TL gemahlener Ingwer
4 Kardamomsamen
160 g Seidentofu
40 g Magermilchjoghurt

1 Zitronenschale abreiben, Zitrone auspressen und 1 TL Zitronenschale zur Seite stellen. Äpfel waschen, der Länge nach in jeweils 4 Scheiben schneiden, dabei den Stiel nicht entfernen und sofort mit Zitronensaft beträufeln.

2 Orangen in schmale Stücke schneiden. Orangenstücke mit Wasser in einen Topf geben. Vanilleschote längs aufschneiden und das Mark herauskratzen. Vanillemark mit Sternanis, Zimt, Ingwer und Kardamom zufügen. Apfelscheiben vorsichtig zufügen und ggf. mit Wasser auffüllen, bis alles bedeckt ist und auf niedriger Stufe ca. 2 Stunden gar ziehen lassen.

3 Tofu mit Joghurt, 8 TL Sud und Zitronenschale verrühren und kalt stellen. Apfelscheiben aus dem Sud heben, mit Tofumischung beträufeln, wieder zu einem Apfel aufschichten, dabei mit dem Apfelstiel abschließen. Mit restlicher Zitronenschale dekorieren und mit Orangen-Vanille-Sud beträufeln.

0 **SmartPoints Wert** 707 kJ | 169 kcal

So bekommst du die Äpfel zum Stehen!

Schneide einen schmalen Streifen von der Unterseite der Apfelstücke ab, damit sie beim Anrichten gerade stehen.

Fenchel-Dorade in Salzkruste

Für 4 Personen **Fertig in 35 Min.** **Davon aktiv 10 Min.**

1/2 Bund Basilikum
1 Bund Dill
4 kleine Fenchelknollen
1 Tomate
2 unbehandelte Limetten
1 küchenfertige Dorade (ca. 800 g)
2 kg grobkörniges Meersalz
200 ml Wasser
Salz, Pfeffer

1 Backofen auf 200° C (Gas: Stufe 3, Umluft: 180° C) vorheizen. Basilikum und Dill waschen, trocken schütteln und hacken. Die Hälfte vom Dill zur Seite stellen. 1 Fenchel waschen, halbieren, den Strunk entfernen und Fenchel fein würfeln. Tomate waschen und in kleine Würfel schneiden. 1 Limette auspressen und 1 TL Limettensaft zur Seite stellen. Restliche Limette in Scheiben schneiden. Dorade abspülen und trocken tupfen.

2 Limettensaft mit Kräutern, Fenchel- und Tomatenwürfeln vermengen, Dorade damit füllen und Öffnung fixieren. 1 kg Salz in eine Auflaufform (ca. 20 x 30 cm) geben, Dorade darauf legen, mit Limettenscheiben belegen und mit restlichem Salz bedecken. Salz mit Wasser begießen, damit sich eine solide Kruste bildet. Im Backofen auf mittlerer Schiene ca. 15 Minuten garen, herausnehmen und ca. 10 Minuten ruhen lassen.

3 Restlichen Fenchel waschen, halbieren, den Strunk entfernen und Fenchel in Stücke schneiden. Fenchelstücke mit restlichem Limettensaft, 2 EL Wasser und restlichem Dill in einer Pfanne auf mittlerer Stufe ca. 5 dünsten, salzen und pfeffern. Dorade mit Fenchelgemüse servieren.

0 **SmartPoints Wert** 1384 kJ | 331 kcal

Aysun
Alter: 38
Erfolg: –16 kg
Teilnahme:
Workshop

Aysun aus Werdohl

Ganz schön lässig

Für meine beiden Söhne wollte ich eine coole Mama sein

Mein Weg mit WW
Ich habe schon viele klassische Diäten ausprobiert. Die Kilos purzelten oft auch schnell – aber es gelang mir nie, das Gewicht im Alltag zu halten. Mit WW habe ich einen Ernährungsstil gefunden, den ich im echten Leben gut umsetzen kann. Es ist die Summe vieler Kleinigkeiten, die den Unterschied macht: keine Butter mehr an den Reis zu tun, für die Weinblätter weniger Öl zu verwenden oder die Cannelloni mit mehr Gemüse als Fleisch zu füllen.

Insgesamt gibt es bei uns zu Hause jetzt viel mehr Gemüse: Jeden Donnerstag gehe ich auf den Markt und decke mich mit allem ein, was gerade Saison hat. Abends gibt es dann oft knallbunte Gemüse- und Obstteller. Sogar meine beiden Söhne sind total begeistert und fallen regelmäßig darüber her.

Mein neues Bild von mir
Auf Familienfotos sah ich oft langweilig und altbacken aus. Ganz klar: Ich bin jetzt eine coole Mama – und es gibt davon natürlich auch aktuelle „Beweisfotos". Auf meinem Lieblingsbild trage ich eine umgekrempelte Stoff-Jogginghose, ein freches Rolling Stones-Shirt und Sneakers. So lässig, wie ich mich heute kleide, so leicht nehme ich auch das Leben.

Die größte Veränderung
Früher habe ich überall Probleme gesehen und habe mir viele Sorgen gemacht, wie ich auf andere wirke oder was alles Schlimmes passieren könnte. Ich befand mich in einem richtigen Gedankenkarussell.

Inzwischen haben sich viele vermeintliche Probleme in Luft aufgelöst. Ich denke mir heute oft: „Deswegen hast du dir mal Stress gemacht? Das ist doch wirklich nicht der Rede wert."

Mein schönstes Kompliment
Das kam von meiner Schwägerin in der Türkei! Sie hatte schon immer eine beneidenswerte Figur und sagte zu mir: „Aysun, wenn du nächstes Mal zu Besuch kommst, nimm nicht so viele Klamotten mit – du kannst ja jetzt auch meine Sachen tragen."

Fleischbällchen-Pita

Für 4 Personen **Fertig in 25 Min.** **Davon aktiv 15 Min.**

2 Tomaten
25 g Baby-Blattspinat
1 TL Kreuzkümmel
1 TL Sumach
500 g Lammhackfleisch (aus Lammfilet)
25 g Paniermehl
2 EL gehackter Koriander
1 TL Rapsöl
140 g griechischer Joghurt, bis 0,2 % Fett
2 Vollkorn-Pitataschen
2 EL gehackte Minze

1 Tomaten waschen und in Würfel schneiden. Spinat waschen und trocken schütteln.

2 Eine Pfanne auf mittlerer Stufe erhitzen, Kreuzkümmel und Sumach darin fettfrei unter Rühren ca. 1 Minute rösten und abkühlen lassen. Lammhack mit Paniermehl, Koriander und der Hälfte der Gewürzmischung vermischen und 24 Bällchen formen.

3 Öl in einer Pfanne auf mittlerer Stufe erhitzen und Fleischbällchen darin 5–7 Minuten rundherum braten. Joghurt, restliche Gewürzmischung und 1 EL warmes Wasser verrühren.

4 Pitataschen halbieren und aufschneiden. Mit der Hälfte des Joghurts, Spinat, Tomatenwürfeln, Koriander, Minze und Fleischbällchen befüllen. Restlichen Joghurt darüberträufeln und Fleischbällchen-Pita servieren.

6 **SmartPoints Wert** 1220 kJ | 292 kcal

Ratatouille-Auflauf mit Vollkornnudeln

Für 2 Personen **Fertig in 60 Min.** **Davon aktiv 20 Min.**

100 g trockene Vollkorn-Spirelli
Salz, Pfeffer
400 g passierte Tomaten (Konserve)
1/2 TL gehackter Rosmarin
1 TL gehackter Thymian
1 Aubergine
1 große Zucchini
1 gelbe Paprika
1 rote Zwiebel
3 EL geriebener Parmesan
1 EL Pinienkerne
1 EL grob gehacktes Basilikum

1 Nudeln nach Packungsanweisung in Salzwasser bissfest garen. Backofen auf 180° C (Gas: Stufe 2, Umluft: 160° C) vorheizen. Für die Sauce Tomaten mit Rosmarin und Thymian verrühren und mit Salz und Pfeffer kräftig würzen. Aubergine, Zucchini und Paprika waschen. Aubergine und Zucchini längs halbieren und in Scheiben schneiden. Paprika entkernen und würfeln. Zwiebel schälen und in Spalten schneiden.

2 Nudeln abgießen und mit Tomatensauce und Gemüse in einer Auflaufform (ca. 20 x 30 cm) vermischen. Parmesan und Pinienkerne auf dem Auflauf verteilen und im Backofen auf mittlerer Schiene 45–50 Minuten backen. Ratatouille-Auflauf mit Basilikum bestreuen und servieren.

8 **SmartPoints Wert** 1737 kJ | 415 kcal

Karotten-Feta-Taler mit Harissa-Sauce

Für 4 Personen **Fertig in 30 Min.** **Davon aktiv 20 Min.**

600 g Karotten
1/2 Bund Frühlingszwiebeln
1 Knoblauchzehe
1/2 Bund Koriander
200 g Pflücksalatmischung (Kühltheke)
100 g Schafskäse, 25 % Fett i. Tr.
4 Eier (Größe M)
2 EL Mehl
Salz, Pfeffer
1 TL Rapsöl
170 g griechischer Joghurt, bis 0,2 % Fett
1 EL Harissa-Würzpaste

1 Karotten und Frühlingszwiebeln waschen. Karotten raspeln, Frühlingszwiebeln in Ringe schneiden. Knoblauch fein hacken. Koriander waschen, trocken schütteln und hacken. Salat waschen und trocken schleudern. Schafskäse würfeln.

2 Karottenraspel in ein Geschirrtuch geben und überschüssige Flüssigkeit ausdrücken. Karottenraspel, Frühlingszwiebelringe, Knoblauch, Koriander und Schafskäsewürfel vermischen.

3 Eier und Mehl verquirlen. Gemüse-Schafskäse-Mischung unter die Ei-Masse geben und verrühren, mit Salz und Pfeffer würzen. Aus der Masse 12 Taler formen.

4 Öl in einer Pfanne auf mittlerer Stufe erhitzen, Taler darin 6–8 Minuten von jeder Seite braten und warm stellen. Für die Sauce Joghurt und Harissa-Würzpaste verrühren. Karotten-Feta-Taler mit Harissa-Sauce servieren.

3 **SmartPoints Wert** 1062 kJ | 254 kcal

So schmeckt's auch

Ersetze die Karotten durch geraspelte Zucchini oder geraspelten Kürbis. Die SmartPoints ändern sich nicht.

Hähnchenbrust mit Paprikasauce aus dem Ofen

Für 4 Personen **Fertig in 50 Min.** **Davon aktiv 30 Min.**

4 rote Paprika
1 Zwiebel
4 Hähnchenbrustfilets (à 120 g)
3 TL Olivenöl
2 TL gehackter Thymian
150 ml Gemüsebrühe
(1/2 TL Instantpulver)
240 g trockener Langkornreis
Salz, Pfeffer
1 Kopfsalat
1 EL Zitronensaft
1 TL Senf
1 EL Schnittlauchringe

1 Backofen auf 240° C (Gas: Stufe 5, Umluft: 220° C) vorheizen. Paprika waschen, entkernen, vierteln und mit der Hautseite nach oben auf ein Backblech legen. Paprikaviertel im Backofen auf mittlerer Schiene 10–12 Minuten grillen.

2 Zwiebel schälen und würfeln. Hähnchenbrustfilets abspülen und trocken tupfen. Paprikaviertel unter fließendem Wasser häuten und in Stücke schneiden. Backofen auf 200° C (Gas: Stufe 3, Umluft: 180° C) herunterschalten.

3 1 TL Öl in einem Topf auf mittlerer Stufe erhitzen, Zwiebelwürfel darin kurz andünsten, Paprikastücke und Thymian dazugeben, mit 125 ml Brühe ablöschen und ca. 5 Minuten köcheln lassen. Reis nach Packungsanweisung in Salzwasser garen.

4 Hähnchenbrustfilets mit Salz und Pfeffer würzen und in eine Auflaufform (ca. 20 x 30 cm) legen. Paprikasauce pürieren, mit Salz und Pfeffer würzen, über die Hähnchenbrustfilets gießen und im Backofen auf mittlerer Schiene ca. 20 Minuten garen.

5 Salat waschen, trocken schleudern und in mundgerechte Stücke zerteilen. Für das Dressing restliches Öl mit Zitronensaft, restlicher Brühe, Senf, Schnittlauch, Salz und Pfeffer verrühren. Salat mit Dressing beträufeln und mit Hähnchenbrust, Paprikasauce und Reis servieren.

7 **SmartPoints Wert** 1905 kJ | 455 kcal

Bulgur-Kichererbsen-Salat im Glas

Für 1 Person **Fertig in 25 Min.** **Davon aktiv 20 Min.**

50 g trockener Bulgur
Salz, Pfeffer
1 TL Tomatenmark
3 EL Wasser
1 TL Paprikapulver
75 g Kichererbsen (Konserve)
2 Frühlingszwiebeln
1/4 Salatgurke
75 g Pflücksalatmischung (Kühltheke)
1 unbehandelte Limette
1 TL Olivenöl
1 EL gehackter Koriander
1 Prise Zucker

1 Bulgur nach Packungsanweisung in Salzwasser garen. Tomatenmark mit 1 EL Wasser anrühren, mit Bulgur vermischen, mit Salz, Pfeffer und Paprikapulver würzen und ca. 10 Minuten abkühlen lassen. Kichererbsen abspülen und abtropfen lassen. Frühlingszwiebeln waschen und in Ringe schneiden. Gurke waschen und in Würfel schneiden. Pflücksalat waschen und trocken schleudern.

2 Für das Dressing 1/2 TL Limettenschale abreiben und Limette auspressen. Limettensaft und -schale mit Öl, restlichem Wasser, Koriander und Zucker verquirlen, mit Salz und Pfeffer würzen und in ein verschraubbares Konservenglas (Inhalt ca. 1 Liter) füllen. Kichererbsen, Bulgur, Frühlingszwiebelringe und Gurkenwürfel einschichten, Pflücksalat daraufgeben und Glas verschließen. Bulgur-Kichererbsen-Salat vor dem Verzehr gut schütteln und servieren.

6 SmartPoints Wert 1647 kJ | 394 kcal

Ready to eat

Super praktisch für unterwegs, denn der Salat wird direkt aus dem Glas gegessen.

Gefüllte Auberginen türkische Art

Für 4 Personen **Fertig in 80 Min.** **Davon aktiv 20 Min.**

4 Auberginen
je 1 grüne, gelbe und rote Paprika
1 Stange Staudensellerie
1 Zwiebel
2 Knoblauchzehen
3 TL Olivenöl
1 TL Kreuzkümmel
1 TL geräuchertes Paprikapulver
1/2 TL Zimt
800 g stückige Tomaten (Konserve)
1 EL dunkler Balsamicoessig
1 EL Granatapfelsirup
Salz, Pfeffer
120 g Schafskäse, 25 % Fett i. Tr.
einige Blättchen Minze

1 Backofen auf 200° C (Gas: Stufe 3, Umluft: 180° C) vorheizen. Auberginen waschen und längs halbieren. Paprika waschen, entkernen und in Streifen schneiden. Staudensellerie waschen und in kleine Stücke schneiden. Zwiebel schälen und hacken. Knoblauch fein hacken.

2 Auberginen mit einem Messer im Kreuzmuster einschneiden, auf ein mit Backpapier ausgelegtes Backblech legen und mit 1 TL Öl bestreichen. Im Backofen auf mittlerer Schiene 30–35 Minuten garen.

3 Restliches Öl in einer Pfanne auf mittlerer Stufe erhitzen, Zwiebelwürfel und Selleriestücke darin ca. 5 Minuten dünsten. Knoblauch und Paprikastreifen zufügen, weitere ca. 5 Minuten mitbraten und mit Kreuzkümmel, Paprikapulver und Zimt würzen. Mit Tomaten, Essig und Granatapfelsirup ablöschen und auf niedriger Stufe ca. 20 Minuten köcheln lassen.

4 Auberginen etwas abkühlen lassen. Mit einem Löffel das Innere der Auberginen aushöhlen, zu der Gemüsemischung geben und mit Salz und Pfeffer abschmecken. Schafskäse zerbröseln. Minze waschen und trocken schütteln. Auberginen mit Gemüsemischung füllen und im Backofen auf mittlerer Schiene 20–25 Minuten backen. Gefüllte Auberginen mit Käse und Minze bestreut servieren.

3 **SmartPoints Wert** 1065 kJ | 255 kcal

Vinicius
Alter: 19
Erfolg: –13 kg
Teilnahme: Workshop

Vinicius aus Brasilien

Immer in Bestform

Von Tag zu Tag trainierte ich erfolgreicher, stemmte mehr Gewichte, schaffte mehr Wiederholungen – und so schafft ihr das auch!

Keine Frage: Sport tut der Gesundheit und dem Wohlbefinden gut – egal, wie viele Kilos man mit sich herumschleppt. Aber das richtige Hochgefühl stellte sich bei mir erst ein, als ich regelmäßige Bewegung und gesunde Ernährung miteinander kombinierte. Allein durch Sport abnehmen zu wollen wäre heute für mich keine Option mehr. Ich denke da inzwischen ganzheitlicher – dank WW. Anfangs hatte ich die Befürchtung, dass ich fürs Trainieren und fürs Kochen nicht ausreichend Zeit finden würde. Mein Coach hat mir dann dabei geholfen, einen Plan zu entwickeln, damit beides auch wirklich in mein Leben passt.

Mein Weg mit WW

Schritt für Schritt habe ich meine Ernährung umgestellt. Klar hatte ich früher auch mal einen Salat gegessen, einen Apfel oder eine Banane. Aber das war nie eine bewusste Entscheidung. Bei WW achtete ich darauf, dass ich mich im Rahmen meines Punktebudgets gesund und ausgewogen ernährte. Salat stand deshalb viel öfter auf dem Plan. Meine Achillesferse war aber das Auswärtsessen. Ich war damals häufig Gast in Restaurants und natürlich achtete ich darauf, dass ich dort nicht den XXL-Burger, sondern lieber ein mageres Steak bestellte. Allerdings verwenden Restaurantköche dann doch oft sehr viel Öl beim Braten – etwas, das ich zu Hause versuchte zu vermeiden. Und deshalb begann ich mich zu fragen, ob ich wirklich so oft auswärts aß, weil ich Lust dazu hatte – oder weil es zur Gewohnheit geworden war. Heute macht mich eine frische, gesundere Mahlzeit zu Hause zufriedener als ein 08/15-Gericht im Restaurant.

Meine „Werkzeuge"

Eine große Unterstützung sind die vielen kleinen „Werkzeuge" von WW, zum Beispiel das Tagebuch. Ich wäre vorher nie auf die Idee gekommen, irgendwo zu notieren, was und wie viel ich esse. Doch ich habe gemerkt, dass mir dieses Aufschreiben wirklich hilft, den Überblick zu behalten. Den WW Weg gehe ich ganz klar weiter – weil ich so viel fitter und entspannter bin als vorher.

Info

„Mein Tagebuch" gibt's im WW Studio und auf weightwatchers-shop.de.

Gefüllte Papaya mit Honig-Ingwer-Dressing

Für 2 Personen **Fertig in 15 Min.** **Davon aktiv 15 Min.**

2 TL Kokosraspel
1 Papaya
1/4 Ananas (ca. 250 g)
2 Kiwis
1 kleines Stück Ingwer (ca. 1 cm)
4 Stängel Zitronenmelisse
2 TL Honig
2 TL Zitronensaft

1 Kokosraspel fettfrei in einer Pfanne auf mittlerer Stufe 2–3 Minuten goldbraun rösten und ca. 5 Minuten abkühlen lassen. Papaya halbieren und Kerne mit einem Löffel entfernen. Papayafruchtfleisch mit einem Kugelausstecher herauslösen, dabei einen schmalen Rand stehen lassen.

2 Ananas schälen, den Strunk entfernen und Ananas in Würfel schneiden. Kiwis schälen und in Würfel schneiden. Ingwer schälen und fein hacken. Zitronenmelisse waschen, trocken schütteln und in Streifen schneiden.

3 Honig mit Zitronensaft verrühren und Ingwer und Zitronenmelisse unterrühren. Früchte mit Dressing mischen und in den Papayahälften anrichten. Gefüllte Papaya mit Kokosraspeln bestreut servieren.

2 SmartPoints Wert 969 kJ | 232 kcal

Gefüllte Zucchini mit Quinoa und Shiitakepilzen

Für 4 Personen **Fertig in 40 Min.** **Davon aktiv 10 Min.**

100 g trockene bunte Quinoa
300 ml Gemüsebrühe
(1 1/2 TL Instantpulver)
4 große Zucchini
2 Zwiebeln
3 Knoblauchzehen
1 Karotte
1 rote Paprika
480 g Shiitakepilze
2 Frühlingszwiebeln
1 TL Olivenöl
2 EL Mais (Konserve)
1 Msp. abgeriebene unbehandelte Zitronenschale
Salz, Pfeffer
80 g geriebener Mozzarella, 45 % Fett i. Tr.

1 Backofen auf 200° C (Gas: Stufe 3, Umluft: 180° C) vorheizen. Quinoa ca. 15 Minuten in Brühe garen. Zucchini waschen, längs halbieren und mit einem Löffel das Fruchtfleisch herauslösen.

2 Zucchinihälften mit der Hautseite nach oben auf ein mit Backpapier ausgelegtes Backblech legen, mit einer Gabel einige Male einstechen und im Backofen auf mittlerer Schiene ca. 15 Minuten backen.

3 Zwiebeln schälen und würfeln. Knoblauch pressen. Karotte schälen und raspeln. Paprika waschen, entkernen und würfeln. Shiitakepilze trocken abreiben und in Stücke schneiden. Frühlingszwiebeln waschen und hacken.

4 Öl in einer Pfanne auf mittlerer Stufe erhitzen und Zwiebelwürfel darin ca. 2 Minuten andünsten. Knoblauch, Karottenraspel, Mais, Paprikawürfel und Shiitakestücke dazugeben und ca. 8 Minuten mitbraten.

5 Quinoa, Frühlingszwiebeln, Zitronenschale, Salz und Pfeffer dazugeben und ca. 1 Minute mitbraten. Füllung in die Zucchinihälften füllen, mit Mozzarella bestreuen und im Backofen auf mittlerer Schiene ca. 10 Minuten fertig backen. Gefüllte Zucchini servieren.

5 SmartPoints Wert 1278 kJ | 305 kcal

Brasilianische Garnelensuppe

Für 4 Personen **Fertig in 90 Min.** **Davon aktiv 30 Min.**

300 g Maniok
1 Zwiebel
3 TL Olivenöl
1 Lorbeerblatt
Salz, Pfeffer
1 rote Paprika
4 Tomaten
400 g küchenfertige Garnelen
1 EL Limettensaft
1 Knoblauchzehe
200 ml fettreduzierte Kokosmilch
2 EL gehackter Koriander

1 Maniok mit Zwiebel schälen und würfeln. 1 TL Öl in einem Topf auf mittlerer Stufe erhitzen, die Hälfte der Zwiebelwürfel mit Maniokwürfeln und Lorbeerblatt darin kurz andünsten, salzen und ca. 45 Minuten köcheln lassen. Paprika mit Tomaten waschen, entkernen und würfeln. Garnelen abspülen, trocken tupfen und mit Limettensaft, Salz und Pfeffer mischen.

2 Restliches Öl in einer Pfanne auf mittlerer Stufe erhitzen und restliche Zwiebelwürfel darin ca. 3 Minuten andünsten. Knoblauch dazupressen, Paprika- und Tomatenwürfel dazugeben und ca. 5 Minuten mitbraten. Garnelen zufügen und weitere ca. 5 Minuten mitbraten.

3 Lorbeerblatt aus dem Topf entfernen und Maniok mit 100 ml Kokosmilch pürieren. Maniokpüree zu der Garnelen-Gemüse-Mischung geben und aufkochen lassen. Restliche Kokosmilch einrühren und auf niedriger Stufe ca. 2 Minuten köcheln lassen. Brasilianische Garnelensuppe mit Koriander bestreut servieren.

8 **SmartPoints Wert** 1429 kJ | 342 kcal

Gegrillter Tofu mit fruchtiger Tomaten-Gurken-Salsa

Für 2 Personen **Fertig in 30 Min.** **Davon aktiv 30 Min.**

80 g trockener Basmatireis
Salz, Pfeffer
1 Stück Ingwer (ca. 1 cm)
2 EL Sojasauce
2 EL Limettensaft
200 g Tofu
2 Tomaten
1 kleine rote Zwiebel
1/2 Salatgurke
1 Mango

1 Reis nach Packungsanweisung in Salzwasser garen. Für die Marinade Ingwer schälen, reiben und mit Sojasauce und 1 EL Limettensaft verrühren. Tofu halbieren, gegebenenfalls noch-mal längs halbieren, mit Marinade in einen Gefrierbeutel geben, vorsichtig vermengen und ca. 10 Minuten marinieren.

2 Tomaten waschen. Zwiebel und Gurke schälen. Mango schälen, das Fruchtfleisch vom Stein schneiden und mit Tomaten, Zwiebel und Gurke fein würfeln. Mit restlichem Limettensaft, Salz und Pfeffer vermengen.

3 Tofu abtropfen lassen und Tofu fettfrei in einer Grillpfanne auf hoher Stufe 3–4 Minuten von jeder Seite braten. Gegrillten Tofu mit fruchtiger Tomaten-Gurken-Salsa und Reis servieren und nach Wunsch mit Koriander garnieren.

4 **SmartPoints Wert** 1626 kJ | 389 kcal

Linsenbratlinge auf Kokosgemüse

Für 2 Personen **Fertig in 40 Min.** **Davon aktiv 35 Min.**

140 g trockene rote Linsen
2 Karotten
1 Zwiebel
je 1 gelbe und grüne Paprika
1 TL gehackter Koriander
2 EL zarte Haferflocken
1 EL Kichererbsenmehl
Salz, Pfeffer
2 TL Olivenöl
2 EL fettreduzierte Kokosmilch
1 TL Kokosraspel
1 Prise Chilipulver

1 Linsen nach Packungsanweisung in Wasser garen. Karotten schälen und raspeln. Zwiebel schälen und fein würfeln. Paprika waschen, entkernen und in feine Streifen schneiden.

2 Linsen abgießen, die Hälfte der Linsen pürieren und mit restlichen Linsen, Karottenraspeln, Zwiebelwürfeln, Koriander, Haferflocken, Kichererbsenmehl, Salz und Pfeffer verrühren. Aus der Masse 6 Taler formen.

3 1 TL Öl in einer Pfanne auf hoher Stufe erhitzen, Paprikastreifen darin 3–4 Minuten anbraten, mit Kokosmilch ablöschen, mit Kokosraspeln verfeinern, mit Salz, Pfeffer und Chilipulver würzen und auf mittlerer Stufe 6–7 Minuten köcheln lassen.

4 Restliches Öl in einer Pfanne auf mittlerer Stufe erhitzen und Linsentaler darin 3–4 Minuten von jeder Seite braten. Linsenbratlinge auf Kokosgemüse servieren.

5 SmartPoints Wert 1932 kJ | 462 kcal

Maisbrot-Muffins

Für 12 Stück **Fertig in 35 Min.** **Davon aktiv 10 Min.**

120 g Maismehl
120 g Vollkornmehl
2 TL Backpulver
1 Prise Salz
60 ml Rapsöl
2 EL Honig
1 Ei (Größe M)
250 ml entrahmte Milch
1 EL Fenchelsamen

1 Backofen auf 200° C (Gas: Stufe 3, Umluft: 180° C) vorheizen. Mehl mit Backpulver und Salz mischen. Öl, Honig, Ei und Milch verquirlen, zur Mehlmischung geben und zu einem glatten Teig verrühren.

2 Fenchelsamen unterheben und den Teig in 12 Silikon-Muffinförmchen füllen. Maisbrot-Muffins im Backofen auf mittlerer Schiene 20–25 Minuten backen und servieren.

4 SmartPoints Wert 570 kJ | 136 kcal

Astrid

Alter: 50
Erfolg: –21 kg
Teilnahme: Digital

Astrid aus Grevenbroich

Auf leichtem Fuß

Trotz meiner Kniearthrose kann ich heute wieder viel besser laufen.

Warum ich bei WW bin

Bereits mit Mitte 20 bekam ich die Diagnose „Arthrose im Knie". Wenn ich Schmerzen hatte, dann war mein Gang träge und plump. Für ein künstliches Knie war ich allerdings noch viel zu jung. Nach einem Arztbesuch im vergangenen Jahr wurde mir bewusst, dass meine Beschwerden in Zukunft eher schlimmer und mein Gang an schlechten Tagen immer schwerfälliger werden würden. Mein Gewicht machte die Sache nicht besser.

Die Vorstellung erschreckte mich so, dass ich mich direkt bei WW anmeldete. Dabei hatte ich gerade erst meinen Kleiderschrank entrümpelt und mich von vielen Kleidungsstücken getrennt, in die ich schon einige Jahre nicht mehr reingepasst hatte.

Mein Weg mit WW

Jahrelang war mein Gewicht ein einziges Auf und Ab. Das wollte ich nicht mehr. Ich wollte gesünder und bewusster essen. Genau dabei unterstützt mich WW. In meinem Vorratsschrank findet man heute Quinoa, Amaranth und viele Superfoods, denn ich achte beim Essen grundsätzlich mehr auf gesunde Zutaten. Meine jüngste Entdeckung: Edamame. Das sind sehr eiweißhaltige Sojabohnen in der Schote, die man in Salzwasser kocht und mit Meersalz, Sesamöl und Sojasauce würzt. Die Bohnen kann man dann aus der Schote „zuzeln"– eine super Alternative zu Chips. Früher habe ich nach einem stressigen Tag gerne ein Glas Wein getrunken. Aber ich habe festgestellt, dass ich bei einer schönen Tasse Tee sogar besser abschalten kann. Einen guten Wein weiß ich immer noch zu schätzen. Aber ich suche mir die Tage, an denen ich ein Glas trinke, jetzt genau aus. Der Genuss ist dann sogar noch größer.

Mein schönstes WW Gefühl

Nur zwei Monate nach der Anmeldung waren schon etliche Kilos weg – trotz Weihnachtszeit. Und ich hatte prompt wieder mehr Lust, mich zu bewegen. Ich begann damit, öfter spazieren zu gehen. Und auch wenn die Schmerzen im Knie immer noch nicht verschwunden sind, bin ich doch total begeistert, wie viel leichter mein Gang inzwischen ist.

Bananenjoghurt mit gepufftem Amaranth

Für 1 Person **Fertig in 25 Min.** **Davon aktiv 10 Min.**

1 süßlicher Apfel (z. B. Jonagold)
100 ml Wasser
1 Msp. Vanillemark
1 reife Banane
200 g fettarmer Joghurt
10 g gepuffter Amaranth

1 Apfel vierteln, entkernen, schälen und in Würfel schneiden. Apfelwürfel mit Wasser und Vanillemark in einem Topf auf mittlerer Stufe ca. 10 Minuten dünsten und abkühlen lassen.

2 Banane schälen, mit einer Gabel zerdrücken und mit Joghurt verrühren. Bananenjoghurt mit Apfelkompott anrichten und mit Amaranth bestreut servieren.

5 SmartPoints Wert 1605 kJ | 384 kcal

Quinoa-Bällchen mit Dip

Für 1 Person **Fertig in 35 Min.** **Davon aktiv 15 Min.**

40 g trockene helle Quinoa
Salz, Pfeffer
15 g zarte Haferflocken
2 Stängel Basilikum
1 Stängel Petersilie
1 TL Tomatenmark
100 g Magerquark
1 TL Zitronensaft
1 rote Paprika

1. Quinoa nach Packungsanweisung in Salzwasser garen. Quinoa mit Haferflocken verrühren und ca. 5 Minuten abkühlen lassen. Backofen auf 180° C (Gas: Stufe 2, Umluft: 160° C) vorheizen. Basilikum und Petersilie waschen, trocken schütteln und hacken.

2. Quinoamischung mit Tomatenmark, Basilikum, Petersilie, Salz und Pfeffer verrühren und zu 8 Bällchen formen. Quinoa-Bällchen auf ein mit Backpapier ausgelegtes Backblech legen und im Backofen auf mittlerer Schiene 12–15 Minuten backen.

3. Für den Dip Quark mit Zitronensaft, Salz und Pfeffer verrühren. Paprika waschen, entkernen und in Streifen schneiden. Quinoa-Bällchen mit Dip und Paprikastreifen servieren.

7 SmartPoints Wert 1368 kJ | 327 kcal

Info

Du kannst die Quinoa-Bällchen auch prima kalt essen. Perfekt für deine Lunchbox!

Sweet Dream

Für 2 Personen **Fertig in 70 Min.** **Davon aktiv 10 Min.**

1/2 kleine Nektarine
1/2 kleine Kaki
5 Stängel Zitronenmelisse
600 ml stilles Mineralwasser
6 Eiswürfel

1 Nektarine waschen, halbieren, den Stein entfernen und Nektarine in dünne Spalten schneiden. Kaki waschen und in Stücke schneiden. Zitronenmelisse waschen.

2 Nektarinenspalten mit Kakistücken und Zitronenmelisse in ein großes Glas füllen und mit Wasser aufgießen.

3 Mischung mindestens 60 Minuten ziehen lassen und Sweet Dream mit Eiswürfeln servieren.

0 **SmartPoints Wert** 332 kJ | 79 kcal

Thunfischfrikadellen mit Orangen-Radicchio-Salat

Für 1 Person **Fertig in 40 Min.** **Davon aktiv 30 Min.**

1 Dose Thunfisch im eigenen Saft (150 g Abtropfgewicht)
1 kleine Zucchini
1 kleine Schalotte
3 Kapern
1 Ei (Größe M)
Salz, Pfeffer
2 TL Olivenöl
1 Orange
2 TL heller Balsamicoessig
1/2 kleiner Radicchio

1 Thunfisch abtropfen lassen. Zucchini waschen, fein raspeln, mit Thunfisch in ein Küchentuch geben und überschüssige Flüssigkeit ausdrücken. Schalotte schälen und fein würfeln. Kapern hacken.

2 Zucchiniraspel mit Thunfisch, Schalottenwürfeln, Kapern, Ei, Salz und Pfeffer vermengen und aus der Masse 2 Frikadellen formen. 1 TL Öl in einer Pfanne auf mittlerer Stufe erhitzen und Frikadellen darin 4–5 Minuten von jeder Seite braten.

3 Orange schälen und filetieren, dabei den Saft auffangen. Für das Dressing Orangensaft mit restlichem Öl, Essig, Salz und Pfeffer verrühren.

4 Radicchio waschen, trocken schleudern und in feine Streifen schneiden. Radicchiostreifen mit Orangenfilets und Dressing vermengen und mit Thunfischfrikadellen servieren.

3 SmartPoints Wert 2009 kJ | 480 kcal

Lass nichts anbrennen

Mit dem WW pan liner kannst du ohne Öl braten, sparst dabei SmartPoints und die Bratfolie lässt sich mehr als tausendmal verwenden. Erhältlich im WW Studio und auf weightwatchers-shop.de.

Bunter Salat im Glas mit Kichererbsen

Für 1 Person **Fertig in 15 Min.** **Davon aktiv 15 Min.**

1 TL Zitronensaft
1 TL Senf
1 TL Ahornsirup
1 TL gehackte Petersilie
1/2 TL gehackte Zitronenmelisse
2 EL Gemüsebrühe
(1 Prise Instantpulver)
1 TL Olivenöl
Salz, Pfeffer
1/2 kleines Römersalatherz
1 kleine rote Paprika
1/4 Salatgurke
2 Frühlingszwiebeln
3 EL Kichererbsen (Konserve)

1 Für das Dressing Zitronensaft mit Senf, Ahornsirup, Petersilie, Zitronenmelisse, Brühe und Öl pürieren und mit Salz und Pfeffer abschmecken.

2 Salat waschen, trocken schleudern und in Streifen schneiden. Paprika waschen, entkernen und in kleine Würfel schneiden. Gurke waschen, längs halbieren, Kerne mit einem Löffel entfernen und Gurke in Würfel schneiden. Frühlingszwiebeln waschen und in Ringe schneiden.

3 Dressing in ein Konservenglas (Inhalt ca. 1 Liter) füllen, Kichererbsen daraufgeben, Paprika-, Gurkenwürfel und Frühlingszwiebelringe einschichten, mit Salatstreifen bedecken und Glas fest verschließen. Vor dem Verzehr Glas schütteln, Salat aus dem Glas auf einen Teller geben und servieren.

2 **SmartPoints Wert** 1018 kJ | 243 kcal

Variante

Du kannst statt der Kichererbsen auch 3 EL Edamame (grüne Sojabohnen, Konserve) nehmen.

Meal Prep

Einmal vorbereiten – 5 Tage essen: Durch die spezielle Schichtung des Salates im Glas bleiben die Zutaten im Kühlschrank bis zu 5 Tage lang frisch. So kannst du am Wochenende 5 Gläser mit diesem Rezept vorbereiten und hast für jeden Arbeitstag ein Glas mit knackigem Salat parat. Vor dem Verzehr noch kurz schütteln, damit sich die Zutaten vermischen.

Mediterrane Kalbsröllchen mit Parmaschinken

Für 4 Personen **Fertig in 55 Min.** **Davon aktiv 15 Min.**

4 getrocknete Tomaten ohne Öl
50 ml heiße Gemüsebrühe
(1/4 TL Instantpulver)
3 Stängel Basilikum
1 TL Kapern
Salz, Pfeffer
4 Kalbsschnitzel (à 120 g)
4 Scheiben Parmaschinken
2 EL geriebener Parmesan

1 Tomaten ca. 10 Minuten in Brühe einweichen. Basilikum waschen und trocken schütteln. Tomaten abtropfen lassen und dabei 3 EL Sud auffangen. Tomaten mit Sud, Basilikum, Kapern, Salz und Pfeffer pürieren. Kalbsschnitzel trocken tupfen und flacher klopfen.

2 Schnitzel mit Tomatencreme bestreichen, mit Parmaschinken belegen, mit Parmesan bestreuen, einrollen und mit Spießen fixieren. Mediterrane Kalbsröllchen auf dem Rost 35–40 Minuten rundherum grillen und servieren.

4 SmartPoints Wert 944 kJ | 226 kcal

Statt auf dem Grill …

… kannst du die Kalbsröllchen auch in einer Grillpfanne zubereiten.

Lisa

Alter: 38
Erfolg: –21 kg
Teilnahme:
Workshop

Lisa aus Schweden

Wie neugeboren

Es gibt Momente, da fühlen sich sogar Mittdreißiger steinalt – so wie Lisa, die wegen einer Unterleibserkrankung ziemlich viel zugenommen hatte. WW wurde für sie zum „Jungbrunnen".

An den Tag, als Lisa sich für einen gesünderen Lebensstil entschied, erinnert sie sich noch heute: „Mein Freund Ken und ich feierten Weihnachten bei meinen Eltern. Beide sind Teilnehmer bei WW – und sie schwärmten uns den ganzen Abend vor, wie gut es ihnen mit WW geht." Das war der Abend, an dem sich bei Lisa der Schalter umlegte.

Wegen einer Unterleibserkrankung hatte sie lange Zeit hoch dosierte Schmerzmedikamente eingenommen. Als sie die nach einer OP absetzte, legte sie einiges an Gewicht zu. Gleichzeitig nahmen die Schmerzen wieder zu.
Ihre Lebensfreude blieb in dieser schwierigen Situation komplett auf der Strecke.

Im Doppelpack

Lisas Freund Ken war nicht nur an ihrer Seite, sondern stieg sofort mit ein: „Auch Ken wollte einfach gesünder leben – und wenn man so einen Weg zusammen gehen kann, macht das doch viel mehr Spaß." Und so freut sich Lisa heute nicht nur über ihren eigenen Erfolg, sondern auch darüber, wie viel aktiver und zufriedener Ken ist.

Lisas Tipps für ein leckeres Leben

- **Frisch essen.** Zum Frühstück gönne ich mir jetzt auch mal einen leckeren Smoothie, in der Kantine steuere ich regelmäßig die Salatbar an und, wer hätte das gedacht, Möhren sind wirklich prima Snacks.
- **Neues entdecken.** Bei uns gab und gibt es sehr oft neue Gerichte mit Zutaten, die wir vorher gar nicht auf dem Schirm hatten. Das finde nicht nur ich gut, auch unsere Kinder sind begeistert.
- **Satt sein und bleiben.** Ich habe es mir angewöhnt, zu Fleisch oder Nudeln eine ordentliche Portion Rohkost als Beilage zu essen. Das macht mich satt – und fit!
- **Für Abwechslung sorgen.** Man darf sich nicht auf ein Lebensmittel versteifen, nur weil es vielleicht wenig Punkte hat. Ich finde es wichtig, dass man das isst, worauf man Lust hat – wenn auch in Maßen.
- **Bloß nicht:** Lieblingsgerichte streichen. Käseplatten sind für mich seit jeher der größte Genuss: Mit Bedacht wähle ich einige wenige Sorten aus und verkoste sie nach und nach, ganz bedächtig …

Köttbullar mit schwedischem Gurkensalat

Für 4 Personen **Fertig in 30 Min.** **Davon aktiv 15 Min.**

1 Salatgurke
Salz, Pfeffer
1 EL Essigessenz (25%)
100 ml Wasser
1 TL Zucker
800 g mehligkochende Kartoffeln
1 kleine Zwiebel
500 g Tatar
1 EL Paniermehl
150 ml fettarme Milch
1 Ei (Größe M)
2 TL Rapsöl
2 TL Halbfettmargarine

1 Für den Gurkensalat Gurke waschen, mit einem Hobel in dünne Scheiben hobeln, in ein Sieb geben und mit 1/2 TL Salz bestreuen. Gurke ca. 15 Minuten ziehen lassen, in ein Küchentuch geben und überschüssige Flüssigkeit ausdrücken. Für das Dressing Essig mit Wasser, Salz und Pfeffer verrühren und mit Zucker verfeinern. Gurkensalat mit Dressing beträufeln und ca. 30 Minuten ziehen lassen.

2 Kartoffeln schälen, in Stücke schneiden und in Salzwasser ca. 20 Minuten garen. Zwiebel schälen, fein würfeln, mit Tatar, Paniermehl, 50 ml Milch, Ei, 1 1/2 TL Salz und Pfeffer vermischen und zu kleinen Köttbullar formen.

3 Öl in einer Pfanne auf mittlerer Stufe erhitzen und Köttbullar darin ca. 8 Minuten rundherum braten. Kartoffeln abgießen, grob zerstampfen, restliche Milch und Margarine unterrühren und mit Salz und Pfeffer würzen. Köttbullar mit Kartoffelstampf und Gurkensalat servieren.

8 **SmartPoints Wert** 1620 kJ | 387 kcal

Typisch schwedisch

Serviere dazu Preiselbeerkompott, 1 EL hat 2 SmartPoints.

Fruchtiger Fenchel-Apfel-Salat

Für 2 Personen **Fertig in 10 Min.** **Davon aktiv 10 Min.**

1 Fenchelknolle
1 süß-säuerlicher Apfel (z. B. Braeburn)
100 g Feldsalat
2 TL Rapsöl
4 EL Apfelsaft
Salz, Pfeffer

1 Fenchel waschen, halbieren, den Strunk entfernen und Fenchel in dünne Scheiben schneiden oder hobeln. Das Grün beiseite legen. Apfel waschen, vierteln, entkernen und würfeln. Feldsalat waschen und trocken schleudern.

2 Öl mit Apfelsaft verrühren und mit Salz und Pfeffer würzen. Fenchelgrün hacken. Fenchelstreifen, Apfelwürfel und Salat mit Dressing mischen, mit Fenchelgrün bestreuen und Fenchel-Apfel-Salat servieren.

3 SmartPoints Wert 582 kJ | 139 kcal

Forellenfilets mit Grüner Sauce

Für 2 Personen **Fertig in 35 Min.** **Davon aktiv 30 Min.**

500 g kleine festkochende Kartoffeln
Salz, Pfeffer
1 Ei (Größe M)
1 Bund Kräuter für Grüne Sauce (Petersilie, Sauerampfer, Schnittlauch, Borretsch, Kresse, Kerbel und Pimpinelle)
100 g Magerquark
2 EL saure Sahne
1 TL Senf
2 EL Weißweinessig
1 TL Honig
4 Forellenfilets (à 75 g)
1 TL Olivenöl
2 TL Zitronensaft

1 Kartoffeln waschen und mit Schale in Salzwasser 15–20 Minuten garen. Ei in kochendem Wasser 8–10 Minuten hart kochen, abschrecken, pellen und fein hacken. Kräuter waschen, trocken schütteln und grob hacken.

2 Für die Grüne Sauce Kräuter mit Quark, saurer Sahne, Senf, Essig und Honig pürieren. Eierwürfel unterheben und mit Salz und Pfeffer abschmecken.

3 Forellenfilets abspülen und trocken tupfen. Öl in einer Pfanne auf hoher Stufe erhitzen, Forellenfilets darin ca. 3 Minuten von jeder Seite braten, mit Zitronensaft beträufeln und mit Salz und Pfeffer würzen. Kartoffeln abgießen, pellen und mit Forellenfilets und Grüner Sauce servieren.

8 **SmartPoints Wert** 2139 kJ | 511 kcal

Salat für 0 SmartPoints

Dazu kannst du dir einen Salat für 0 SmartPoints zubereiten: 1 Kopfsalat waschen, trocken schleudern und in mundgerechte Stücke zerteilen. Für das Dressing 1 EL Magermilchjoghurt mit 3 EL Gemüsebrühe (1/4 TL Instantpulver), 1 TL Zitronensaft, Salz und Pfeffer verrühren. Salat mit Dressing vermischen und servieren.

Lisa's Gemüsestampf mit Würstchen

Für 4 Personen **Fertig in 30 Min.** **Davon aktiv 15 Min.**

500 g mehligkochende Kartoffeln
250 g Karotten
250 g Pastinaken
Salz, Pfeffer
2 TL Olivenöl
30 g geriebener Parmesan
2 EL gehackte glatte Petersilie
8 Geflügelwürstchen

1 Kartoffeln, Karotten und Pastinaken schälen, in kleine Stücke schneiden, in Salzwasser ca. 15 Minuten garen und abgießen. Kartoffel-, Karotten- und Pastinakenstücke grob zerstampfen, 1 TL Öl und Parmesan unterrühren, mit Salz und Pfeffer würzen und mit Petersilie verfeinern.

2 Restliches Öl in einer Pfanne auf mittlerer Stufe erhitzen und Würstchen darin ca. 5 Minuten rundherum braten. Lisa's Gemüsestampf mit Würstchen servieren.

12 SmartPoints Wert 1732 kJ | 414 kcal

Blumenkohlsuppe mit Crostini

Für 2 Personen **Fertig in 20 Min.** **Davon aktiv 15 Min.**

1 Blumenkohl
750 ml vegane Gemüsebrühe
(3 TL Instantpulver)
1 Bund Petersilie
1 EL Pinienkerne
1 TL Olivenöl
Salz, Pfeffer
4 Scheiben Baguette
3 EL Sojacreme, 17 % Fett

1 Blumenkohl waschen, in Röschen teilen und in Brühe 10–15 Minuten garen. Für das Pesto Petersilie waschen, trocken schütteln und mit Pinienkernen, Öl, Salz und Pfeffer pürieren.

2 Baguettescheiben fettfrei in einer Pfanne auf mittlerer Stufe 1–2 Minuten von jeder Seite rösten. Baguettescheiben mit Pesto bestreichen. Suppe pürieren, mit Sojacreme verfeinern und mit Salz und Pfeffer abschmecken. Blumenkohlsuppe mit Crostini servieren.

7 **SmartPoints Wert** 1567 kJ | 375 kcal

Pfifferling-Rosmarin-Quiche

Für 6 Stück Fertig in 60 Min. Davon aktiv 15 Min.

100 g Halbfettmargarine
50 g Roggenmehl
120 g Mehl
1–2 EL heller Weißweinessig
200 g Pfifferlinge
3 Zweige Rosmarin
3 Eier (Größe M)
30 ml entrahmte Milch
1 Knoblauchzehe
200 g geriebener Käse, 30 % Fett i. Tr.
Salz, Pfeffer

1 Backofen auf 200° C (Gas: Stufe 3, Umluft: 180° C) vorheizen. Für den Teig Margarine schmelzen und mit Roggenmehl und Mehl verrühren, Essig zufügen und zu einem glatten Teig verkneten. Teig zwischen Frischhaltefolie rund ausrollen und eine Quicheform (Ø 24 cm) damit auskleiden, dabei einen ca. 2 cm hohen Rand formen. Im Backofen auf mittlerer Schiene ca. 15 Minuten vorbacken.

2 Für die Füllung Pilze trocken abreiben und in Stücke schneiden. Rosmarin waschen, trocken schütteln und hacken. Eier mit Milch verrühren, Knoblauch dazupressen, Käse, Pilze und Rosmarin unterrühren, mit Salz und Pfeffer würzen und Eimischung gleichmäßig auf dem Teig verteilen. Pfifferling-Rosmarin-Quiche im Backofen auf mittlerer Schiene weitere ca. 30 Minuten backen und servieren.

8 SmartPoints Wert 1259 kJ | 301 kcal

Dazu passt …

… ein grüner Blattsalat oder der fruchtige Fenchel-Apfel-Salat von Seite 181.

Jürgen
Alter: 50
Erfolg: –29 kg
Teilnahme:
At Work

Jürgen aus Münster

Mit leichtem Gepäck

Wandern ohne „29-Kilo-Rucksack“ macht Jürgen noch viel mehr Spaß.

Seine Kilos hatte sich Jürgen nicht über Jahre, sondern über Jahrzehnte angefuttert: „Ich habe einfach ohne nachdenken alles gegessen, worauf ich Lust hatte“, erzählt er. „Dieses Essverhalten hielt ich für normal.“ Nie im Leben hätte er einen Gedanken an eine klassische Diät verschwendet. Doch Gründe, gesünder zu leben, gab es durchaus – und auch ein Datum, an dem man dieses Vorhaben üblicherweise angeht: Neujahr.

Sein Arbeitgeber bot schon seit einiger Zeit WW At Work Kurse an – und jetzt meldete sich auch Jürgen an: „Das war eine der besten Entscheidungen, die ich je getroffen habe, denn WW ist für mich Lebensqualität. Insgesamt fühle ich mich viel fitter und einfach wacher.“

Ein Hoch auf die Vielfalt

Der Genussmensch stellte seine neuen Ernährungsgewohnheiten Schritt für Schritt um und machte eine überraschende Entdeckung: „Der Genuss verschwand nicht etwa, er steigerte sich.“ Beim Stöbern in den WW Rezepten fanden er und seine Frau schnell Gerichte, die sie mochten – ob aus der asiatischen oder italienischen Küche. „Auch wer gerne Fleisch mag, kommt auf seine Kosten“, schwärmt Jürgen.

Vor allem die Grillrezepte haben es ihm angetan. Damit er Hähnchenbrust & Co. auch im Urlaub genießen kann, packt er sogar einen kleinen Elektrogrill mit in den Koffer. In der Kantine isst er abwechslungsreicher und leckerer: „Ich schaue mir schon ein paar Tage vorher den Speiseplan an und überlege mir, was ich mittags essen will und welche Beilagen ich vielleicht tauschen kann. So habe ich nicht nur ein punktefreundliches Mittagessen, sondern esse auch viel abwechslungsreicher. Denn wenn ich ohne Vorplanung an der Essensausgabe stehe, dann bestelle ich garantiert das Nächstbeste – und das war leider oft Currywurst.“

Bewegtes Leben

Heute bewegt sich Jürgen täglich. Er fährt mit dem Rad zur Arbeit, geht ins Fitnessstudio und joggt. Vor kurzem hat er seinen Traum, einen Halbmarathon mit 21,1 km zu laufen, geschafft. Mal schauen, welche Herausforderung als nächstes kommt.

Rindersteaks mit mediterraner Polenta und Schmortomaten

Für 2 Personen **Fertig in 30 Min.** **Davon aktiv 30 Min.**

60 g trockene Polenta (Maisgrieß)
600 ml Gemüsebrühe
(2 TL Instantpulver)
2 getrocknete Tomaten ohne Öl
100 ml heißes Wasser
2 Rinderhüftsteaks (à 200 g)
2 TL Rapsöl
Salz, Pfeffer
500 g bunte Cocktailtomaten
1/2 Bund Basilikum
2 TL Kapern
2 EL geriebener Parmesan

1 Polenta mit 500 ml Brühe in einem Topf auf niedriger Stufe unter ständigem Rühren ca. 20 Minuten garen. Getrocknete Tomaten ca. 10 Minuten in Wasser einweichen. Steaks trocken tupfen.

2 Öl in einer Pfanne auf hoher Stufe erhitzen, Steaks darin 3–5 Minuten von jeder Seite braten, salzen, pfeffern, herausnehmen und in Alufolie gewickelt ruhen lassen.

3 Cocktailtomaten waschen und im Bratensatz kurz anbraten. Mit restlicher Brühe ablöschen, mit Salz und Pfeffer würzen und ca. 5 Minuten köcheln lassen. Getrocknete Tomaten abtropfen lassen und hacken. Basilikum waschen, trocken schütteln und hacken.

4 Polenta mit Kapern, getrockneten Tomaten, Basilikum und Parmesan verfeinern und mit Salz und Pfeffer abschmecken. Rindersteaks mit mediterraner Polenta und Schmortomaten servieren.

9 **SmartPoints Wert** 2039 kJ | 487 kcal

Ananas-Chicken-Burger mit scharfer Guacamole

Für 4 Personen **Fertig in 45 Min.** **Davon aktiv 30 Min.**

1/2 unbehandelte Limette
2 TL Olivenöl
1/2 TL Currypulver
Salz, Pfeffer
2 Hähnchenbrustfilets (à 150 g)
2 Frühlingszwiebeln
1 kleine rote Chilischote
100 g Avocadofruchtfleisch
1 kleine Ananas
4 Blätter Lollo bionda
4 Ciabattabrötchen

1 1 Msp. Limettenschale abreiben und Limettenhälfte auspressen. Für die Marinade Limettenschale mit Öl, Currypulver, Salz und Pfeffer verrühren. Hähnchenbrustfilets abspülen, trocken tupfen, längs halbieren, flacher klopfen, mit Marinade in einen Gefrierbeutel geben, gut verkneten und im Kühlschrank ca. 10 Minuten marinieren.

2 Frühlingszwiebeln waschen und in Ringe schneiden. Chilischote waschen, entkernen und in feine Würfel schneiden. Für die Guacamole Avocadofruchtfleisch mit einer Gabel zerdrücken und mit Frühlingszwiebelringen, Chiliwürfeln, Limettensaft, Salz und Pfeffer verrühren.

3 Ananas schälen, in 8 ca. 1 cm dicke Scheiben schneiden und Strunk ausstechen oder herausschneiden. Ananasscheiben und Hähnchenbrusthälften auf dem Rost oder in einer Grillpfanne 5–6 Minuten von jeder Seite grillen.

4 Salat waschen und trocken schütteln. Ciabattabrötchen aufschneiden und mit Guacamole bestreichen. Untere Brötchenhälften mit Salat, Hähnchenbrusthälften und Ananasscheiben belegen und mit oberen Brötchenhälften abdecken. Ananas-Chicken-Burger servieren.

7 **SmartPoints Wert** 1843 kJ | 440 kcal

Broccoli-Linguine mit Putenbrust und Parmesan

Für 2 Personen **Fertig in 25 Min.** **Davon aktiv 20 Min.**

400 g Putenbrustfilet
2 Schalotten
1 Broccoli
100 g trockene Linguine
Salz, Pfeffer
1 TL Rapsöl
100 ml entrahmte Milch
350 ml Gemüsebrühe
(1 1/2 TL Instantpulver)
1 TL Senf
30 g geriebener Parmesan

1 Putenbrustfilet abspülen, trocken tupfen und in kleine Würfel schneiden. Schalotten schälen und würfeln. Broccoli waschen und in kleine Röschen teilen. Gegebenenfalls Broccolistrunk schälen und in kleine Würfel schneiden.

2 Nudeln nach Packungsanweisung in Salzwasser garen. Öl in einer Pfanne auf hoher Stufe erhitzen, Putenbrustwürfel darin 3–4 Minuten rundherum braten, salzen, pfeffern und herausnehmen.

3 Schalottenwürfel im Bratensatz auf mittlerer Stufe kurz andünsten, Broccoliröschen und -würfel dazugeben, mit Milch und Brühe ablöschen und 4–5 Minuten köcheln lassen.

4 Die Hälfte der Broccoliröschen aus der Sauce nehmen, mit Senf pürieren und zurück zur Sauce geben. Nudeln abgießen, mit Putenbrustwürfeln zur Sauce geben, kurz erwärmen, mit Parmesan verfeinern und mit Salz und Pfeffer abschmecken. Broccoli-Linguine servieren.

8 **SmartPoints Wert** 2448 kJ | 585 kcal

Gegrilltes Filetsteak mit Röstkartoffeln

Für 4 Personen **Fertig in 50 Min.** **Davon aktiv 40 Min.**

600 g Drillinge (kleine Kartoffeln)
3 TL Rapsöl
Salz, Pfeffer
1 rote Paprika
4 Rinderfilets (à 125 g)
1 EL Rotweinessig
2 TL körniger Senf
2 TL Honig
1 TL Olivenöl
3 EL gehackte Petersilie
2 EL gehackter Dill
2 EL Schnittlauchringe

1 Backofen auf 200° C (Gas: Stufe 3, Umluft: 180° C) vorheizen. Kartoffeln waschen, halbieren und auf ein mit Backpapier ausgelegtes Backblech legen. Mit 1 TL Öl beträufeln und mit Salz und Pfeffer würzen. Im Backofen auf mittlerer Schiene ca. 40 Minuten garen. Paprika waschen, entkernen und in dicke Spalten schneiden. Nach ca. 15 Minuten zu den Kartoffeln in den Backofen geben und mitgaren.

2 Rinderfilets trocken tupfen und mit restlichem Öl bestreichen. Eine Grillpfanne auf hoher Stufe erhitzen, Rinderfilets darin ca. 2 Minuten von jeder Seite scharf anbraten, herausnehmen und in Alufolie gewickelt ruhen lassen.

3 Essig mit Senf, Honig, Öl und 1 TL Wasser verrühren und mit Salz und Pfeffer abschmecken.

4 Kartoffeln mit Paprikaspalten, Dressing, Petersilie, Dill und Schnittlauch verrühren. Rinderfilets mit Salz und Pfeffer würzen und mit Röstkartoffeln servieren.

7 **SmartPoints Wert** 1406 kJ | 336 kcal

Currywurst mit Kohlrabipommes

Für 2 Personen Fertig in 45 Min. Davon aktiv 20 Min.

4 Kohlrabi
2 TL Olivenöl
2 TL Paprikapulver
1 TL gehackter Thymian
Salz, Pfeffer
400 g stückige Tomaten (Konserve)
1 TL Honig
einige Tropfen Worcestersauce
50 ml Apfelsaft
1 1/2 TL Currypulver
1/4 TL Kurkuma
1/2 TL Chilipulver
3 Geflügelwürstchen

1 Backofen auf 200° C (Gas: Stufe 3, Umluft: 180° C) vorheizen. Kohlrabi schälen, in Stifte schneiden, auf einem mit Backpapier ausgelegten Backblech mit Öl, 1 TL Paprikapulver, Thymian, Salz und Pfeffer vermischen und im Backofen auf mittlerer Schiene 30–35 Minuten backen.

2 Für die Sauce Tomaten in einem Topf auf mittlerer Stufe erhitzen und mit Honig, Worcestersauce, Apfelsaft, 1 TL Currypulver, Kurkuma, Chili- und restlichem Paprikapulver würzen. Sauce ca. 15 Minuten köcheln lassen, pürieren und mit Salz und Pfeffer abschmecken.

3 Geflügelwürstchen in Scheiben schneiden und ca. 5 Minuten in der Sauce erwärmen. Currywurst mit restlichem Currypulver bestäuben und mit Kohlrabipommes servieren.

8 SmartPoints Wert 1495 kJ | 444 kcal

Kabeljau in Petersiliensauce mit jungen Karotten

Für 2 Personen **Fertig in 35 Min.** **Davon aktiv 20 Min.**

500 g junge Karotten
1 Zwiebel
1/2 Bund Petersilie
2 Kabeljaufilets (à 125 g)
400 g festkochende Kartoffeln
Salz, Pfeffer
1 TL Olivenöl
1 TL Mehl
150 ml Gemüsebrühe
(1/2 TL Instantpulver)
2 EL entrahmte Milch
1 Msp. geriebene Muskatnuss
1 EL Apfelessig

1 Karotten schälen und längs halbieren. Zwiebel schälen und würfeln. Petersilie waschen, trocken schütteln und grob hacken. Kabeljaufilets abspülen und trocken tupfen. Kartoffeln schälen, vierteln und in Salzwasser ca. 20 Minuten garen.

2 Öl in einem Topf auf mittlerer bis hoher Stufe erhitzen und Zwiebelwürfel darin ca. 3 Minuten andünsten. Zwiebelwürfel mit Mehl bestäuben, mit 100 ml Brühe und Milch ablöschen und ca. 5 Minuten köcheln lassen. Petersilie dazugeben, Sauce pürieren und mit Salz, Pfeffer und Muskatnuss würzen.

3 Karottenhälften in einem Topf mit restlicher Brühe und Essig auf mittlerer Stufe mit Deckel ca. 10 Minuten köcheln lassen und mit Salz und Pfeffer würzen. Kabeljaufilets mit Salz und Pfeffer würzen, zur Sauce geben und darin ca. 10 Minuten gar ziehen lassen. Kartoffeln abgießen. Kabeljau in Petersiliensauce mit jungen Karotten und Salzkartoffeln servieren.

5 **SmartPoints Wert** 1495 kJ | 357 kcal

Rahel
Alter: 53
Erfolg: –10 kg
Teilnahme:
Workshop

Rahel aus der Schweiz

Neustart mit 50

Ob Yoga, Biken oder Skifahren: Ich nehme jetzt wieder jede sportliche Herausforderung an – und freue mich auf das, was vor mir liegt.

Mit 50 Jahren verändert sich bei uns Frauen ja nicht nur der Körper, sondern auch die Lebenssituation: Die Kinder werden flügge und verlassen das Haus. Für diese Veränderungen fühle ich mich jetzt besser gerüstet, kann ihnen gelassener entgegensehen.

Ich habe noch viel vor, will noch viel erleben und freue mich auf die gemeinsame Zeit mit meinem Mann. Tatsächlich bekomme ich heute – und das trotz meiner grauen Haare – mehr Komplimente für mein Aussehen als vor 30 Jahren.

Sport mit Maß und Muße

Sportlich bin ich wieder voll dabei. Ich achte darauf, mich ausreichend zu bewegen und habe richtig Lust, mich auszupowern. Statt der Sorge, mich beim Biken oder Skifahren zu verletzen, begleitet mich der Leitsatz: „Höre nie auf anzufangen!“ Aber ich muss mir auch nichts mehr beweisen.

Deshalb habe ich mir jetzt ein E-Bike zugelegt. Eigentlich bin ich fit genug für ein Rad ohne elektrische Unterstützung. Doch Radfahren ist für mich inzwischen hauptsächlich Genuss. Es ist so schön, im Sommer zum Bergsee zu fahren, sich dort ein, zwei Stunden zu sonnen und dann locker wieder heimwärts zu radeln.

Gemeinsam stärker

Meine Tochter und ich haben uns zusammen bei WW angemeldet. Zunächst fragte ich mich, ob ich es mit Anfang 50 überhaupt noch schaffen würde, Gewicht zu verlieren. Was, wenn es nicht klappte? Aber meine Bedenken lösten sich schnell in Luft auf.

Die Motivation durch den Coach und der Austausch mit den anderen Teilnehmern im Workshop haben mir unheimlich gutgetan. Ich habe viele Tipps bekommen, tolle Erfahrungen gemacht und bin viel offener geworden. Mit meiner Tochter bin ich nach jedem Workshop noch shoppen gegangen oder wir haben zusammen gekocht. Diese besondere Zeit hat uns beide einander noch nähergebracht.

Kartoffelrösti mit Spinat-Ricotta-Topping

Für 2 Personen **Fertig in 30 Min.** **Davon aktiv 30 Min.**

100 g Blattspinat
1 kleine Zwiebel
200 g Pflücksalatmischung (Kühltheke)
400 g festkochende Kartoffeln
1 Ei (Größe M)
1 EL Mehl
Salz, Pfeffer
2 TL Rapsöl
2 TL Pinienkerne
4 EL Magermilchjoghurt
1 TL Zitronensaft
1 Msp. geriebene Muskatnuss
30 g Ricotta

1 Spinat waschen und trocken schleudern. Zwiebel schälen und würfeln. Pflücksalat waschen und trocken schleudern. Kartoffeln schälen, raspeln, in einem Küchentuch ausdrücken und Kartoffelraspel mit Ei, Mehl, Salz und Pfeffer vermengen.

2 1 TL Öl portionsweise in einer Pfanne auf mittlerer bis hoher Stufe erhitzen und darin aus der Kartoffelmasse nacheinander 8 Rösti backen, dabei ca. 4 Minuten von jeder Seite braten. Pinienkerne fettfrei in einer Pfanne auf mittlerer Stufe 2–3 Minuten rösten. Für das Dressing Joghurt mit Zitronensaft, Salz und Pfeffer verrühren.

3 Restliches Öl in einer Pfanne auf mittlerer Stufe erhitzen und Zwiebelwürfel darin ca. 2 Minuten andünsten. Spinat dazugeben, zusammenfallen lassen und mit Salz, Pfeffer und Muskatnuss würzen. Spinat auf die Rösti geben, Ricotta in Stücken darauf verteilen und mit Pinienkernen bestreuen. Pflücksalat mit Dressing vermischen. Kartoffelrösti mit Spinat-Ricotta-Topping und Salat servieren.

8 **SmartPoints Wert** 1547 kJ | 370 kcal

Mediterrane Gnocchipfanne

Für 2 Personen **Fertig in 30 Min.** **Davon aktiv 25 Min.**

1 Aubergine
1 gelbe Paprika
1 kleine Zucchini
3 Tomaten
3 Stängel Oregano
60 g Schafskäse, 25 % Fett i. Tr.
1 TL Olivenöl
2 EL dunkler Balsamicoessig
1 TL Honig
200 g Gnocchi (Frischprodukt)
Salz, Pfeffer

1 Aubergine, Paprika, Zucchini und Tomaten waschen. Paprika entkernen und mit restlichem Gemüse fein würfeln. Oregano waschen, trocken schütteln und hacken. Schafskäse grob zerbröseln.

2 Öl in einer Pfanne auf mittlerer bis hoher Stufe erhitzen und Gemüsewürfel darin ca. 5 Minuten braten. Mit Essig ablöschen, mit Honig verfeinern und auf mittlerer Stufe mit Deckel ca. 10 Minuten köcheln lassen.

3 Gnocchi nach Packungsanweisung in Salzwasser garen, abgießen und mit Schafskäsewürfeln zum Gemüse geben. Gnocchipfanne mit Salz und Pfeffer abschmecken, mit Oregano verfeinern und servieren.

7 **SmartPoints Wert** 1484 kJ | 355 kcal

Chicorée-Rote-Bete-Salat

Für 2 Personen **Fertig in 10 Min.** **Davon aktiv 10 Min.**

2 Chicorée
2 vorgegarte Rote Beten (vakuumverpackt)
2 EL Mandarin-Orangen (Konserve, gezuckert)
1/2 Bund Zitronenmelisse
4 EL fettarmer Joghurt
Salz, Pfeffer
1 Prise Zucker

1 Chicorée waschen, halbieren, den Strunk entfernen und Chicorée in mundgerechte Stücke schneiden. Rote Beten in Scheiben schneiden. Mandarinen abtropfen lassen. Zitronenmelisse waschen, trocken schütteln und in Streifen schneiden.

2 Joghurt und Zitronenmelisse verrühren, mit Salz und Pfeffer würzen und mit Zucker verfeinern. Chicoréestücke, Rote-Beten-Scheiben und Mandarinen mit Dressing vermischen und Chicorée-Rote-Bete-Salat servieren.

2 SmartPoints Wert 404 kJ | 97 kcal

Spargelflammkuchen mit Ziegenkäse

Für 4 Personen **Fertig in 30 Min.** **Davon aktiv 15 Min.**

150 g Frischkäse, bis 5 % Fett absolut
1 TL gehackter Thymian
Salz, Pfeffer
1 Packung Flammkuchenteig (Frischprodukt, 260 g)
200 g grüner Spargel
100 g Johannisbeeren
4 EL Ziegenfrischkäse, 45 % Fett i. Tr.

1 Backofen auf 220° C (Gas: Stufe 4, Umluft: 200° C) vorheizen. Für die Creme Frischkäse mit Thymian, Salz und Pfeffer verrühren. Flammkuchenteig nach Packungsanweisung entrollen und auf ein mit Backpapier ausgelegtes Backblech legen. Mit Creme bestreichen und im Backofen auf mittlerer Schiene ca. 10 Minuten vorbacken.

2 Spargel waschen, das untere Drittel schälen und Spargel schräg in feine Scheiben schneiden. Johannisbeeren waschen und trocken tupfen.

3 Spargelscheiben auf dem Flammkuchen verteilen, Ziegenfrischkäse in Flocken daraufgeben, mit Johannisbeeren bestreuen und Flammkuchen im Backofen weitere ca. 15 Minuten backen. Spargelflammkuchen mit Ziegenkäse servieren.

8 **SmartPoints Wert** 1072 kJ | 256 kcal

Seelachs mit Basilikumcreme und gedünsteten Karotten

Für 2 Personen **Fertig in 15 Min.** **Davon aktiv 15 Min.**

4 Karotten
2 Seelachsfilets (à 125 g)
100 ml Gemüsebrühe
(1/2 TL Instantpulver)
Salz, Pfeffer
3 Stängel Basilikum
150 g Skyr, Natur
1 TL Zitronensaft
1 TL gehackte Petersilie

1 Karotten schälen und in Scheiben schneiden. Seelachsfilets abspülen und trocken tupfen. Karottenscheiben in einem Topf auf mittlerer Stufe mit Brühe ca. 10 Minuten dünsten.

2 Eine Pfanne auf mittlerer bis hoher Stufe erhitzen, Seelachsfilets darin fettfrei 3–4 Minuten von jeder Seite braten und mit Salz und Pfeffer würzen. Für die Creme Basilikum waschen, trocken schütteln und mit Skyr, Zitronensaft, Salz und Pfeffer pürieren.

3 Karottenscheiben mit Petersilie verfeinern und mit Salz und Pfeffer würzen. Seelachs mit Basilikumcreme und gedünsteten Karotten servieren.

0 SmartPoints Wert 820 kJ | 196 kcal

Spargeltaschen mit Tomatensalsa

Für 12 Stück Fertig in 45 Min. Davon aktiv 35 Min.

200 g grüner Spargel
1/2 Bund Frühlingszwiebeln
80 g Schafskäse, 25 % Fett i. Tr.
1 EL Schmand
Salz, Pfeffer
1 Packung fettreduzierter Blätterteig (275 g)
1 Eigelb (Größe M)
4 Tomaten
1–2 TL Zitronensaft
1 EL Ajvar (Paprikapaste)

1 Spargel waschen und das untere Drittel schälen. Spargelstangen längs halbieren und in dünne Scheiben schneiden. Frühlingszwiebeln waschen und in Ringe schneiden. 2 EL Frühlingszwiebelringe für die Salsa beiseitestellen. Schafskäse zerbröseln, mit Spargelscheiben, Frühlingszwiebelringen und Schmand verrühren und mit Salz und Pfeffer würzen. Backofen auf 200° C (Gas: Stufe 3, Umluft: 180° C) vorheizen.

2 Blätterteig entrollen und der Länge nach in 3 Streifen schneiden. Teigstreifen in jeweils 4 Quadrate schneiden und auf einem mit Backpapier ausgelegten Backblech verteilen. Spargelmischung mittig auf den Blätterteigquadraten verteilen. Quadrate diagonal zusammenklappen und Ränder mit einer Gabel festdrücken. Spargeltaschen mit Eigelb bestreichen und im Backofen auf mittlerer Schiene 15–18 Minuten backen.

3 Für die Salsa Tomaten waschen und in kleine Würfel schneiden. Tomatenwürfel mit restlichen Frühlingszwiebelringen, Zitronensaft und Ajvar vermischen und mit Salz und Pfeffer abschmecken. Spargeltaschen mit Tomatensalsa servieren.

3 **SmartPoints Wert** 443 kJ | 106 kcal

SmartPoints Register

								Seite
4	Butternutkürbis-Lasagne			●		●		64
	Easy peasy Pasta					●	●	89
	Gegrillter Tofu mit fruchtiger Tomaten-Gurken-Salsa	●	●		●	●		157
	Gestürzter Apfel-Zimt-Kuchen	●				●	●	90
	Maisbrot-Muffins	●				●	●	161
	Mediterrane Kalbsröllchen mit Parmaschinken					●		175
	Sommerfrüchte-Dessert mit Baiser	●		●		●		13
	Spinatsalat mit lauwarmen Kürbisspalten	●	●	●	●			68
5	Bananenjoghurt mit gepufftem Amaranth	●		●		●		164
	Gefüllte Zucchini mit Quinoa und Shiitakepilzen	●				●	●	153
	Grünkohlquiche mit Pesto					●	●	32
	Kabeljau in Petersiliensauce mit jungen Karotten					●		203
	Lachs-Tarte mit Dill					●		129
	Linsenbratlinge auf Kokosgemüse	●	●		●	●	●	158
	Pumpkin Bread	●				●	●	111
	Schwarzwurzelpüree mit gratiniertem Zander und Karottengemüse					●		31
6	Bulgur-Kichererbsen-Salat im Glas	●	●		●	●		144
	Fleischbällchen-Pita					●		136
	Garnelen-Kimchi-Suppe					●		45
	Gebratener Toast mit Erdbeer-Vanille-Creme	●				●		72
	Mexikanische Thunfischpfanne			●		●		76
	Sandwich „Croque Normand“	●				●		122
	Sarah’s schnelles Tassen-Frühstück	●			●	●		82
	Superfood-Bowl mit Gojibeeren und Chia-Samen	●						94
	Vegetarische Brotfrikadellen mit Kohlrabigemüse	●				●		98
	Würzige Quinoa-Bowl					●		71
	Zaatar-Lachs mit Tabouleh				●	●		55

SmartPoints Register

SP	Rezept							Seite
7	Ananas-Chicken-Burger mit scharfer Guacamole				●	●		195
	Apfel-Vanille-Porridge	●						18
	Blumenkohlsuppe mit Crostini	●	●		●	●		186
	Englische Fish & Chips					●		10
	Fischfrikadellen mit Zitronenremoulade und Ofenkarotten					●		49
	Gegrilltes Filetsteak mit Röstkartoffeln			●	●	●		199
	Hähnchenbrust mit Paprikasauce aus dem Ofen					●		143
	Halloumispieße mit Granatapfel-Chili-Marinade	●				●		105
	Indischer Hähnchentopf mit Reis					●		59
	Mediterrane Gnocchipfanne	●				●		209
	Quinoa-Bällchen mit Dip	●				●		167
	Rosinenmuffins mit Weizenkleie	●				●	●	119
	Vegane Schokomousse	●	●	●	●			56
8	Bobotie (Hackfleischauflauf)					●	●	112
	Brasilianische Garnelensuppe			●	●	●		154
	Broccoli-Linguine mit Putenbrust und Parmesan					●	●	196
	Currywurst mit Kohlrabipommes					●		200
	Forellenfilets mit Grüner Sauce			●		●		182
	Gefüllte Hähnchenbrust auf italienische Art					●		42
	Gerösteter Herbstsalat mit Schnitzelstreifen							75
	Hüttenkäsebrot mit Paprika	●				●		27
	Kartoffelrösti mit Spinat-Ricotta-Topping	●				●		206
	Köttbullar mit schwedischem Gurkensalat					●		178
	Pfifferling-Rosmarin-Quiche	●				●		189
	Ratatouille-Auflauf mit Vollkornnudeln					●	●	139
	Roastbeefröllchen mit Meerrettichcreme					●		21
	Schinken-Ei-Brötchen					●		14
	Spargelflammkuchen mit Ziegenkäse	●				●		213
	Spicy Beef Tacos					●		116

einfrieren

Die Kennzeichnung wie zum Beispiel „vegetarisch", „vegan", „gluten-", „laktose-" oder „nussfrei" bei den Rezepten ist rein informativ und nicht verbindlich. Es liegt in der persönlichen Verantwortung zu prüfen, ob die verwendeten Lebensmittel die Anforderungen erfüllen.

Alphabetisches Register

Impressum

Redaktion
WW Deutschland
Claudia Braun, Iris Hermann, Claudia Thienel

Rezepte & Realisierung
Food Professionals Köhnen GmbH, Sprockhövel
Silke Höpker, Ingrid Schmand, Dennis Webers

Fotografie
Michael Bernhardi, Florian Bonanni, Carsten Eichner, Jan Jankovic, Tobias Pankrath, Dirk Przibylla, Hubertus Schüler, WW International

Foodstyling
Myriam Banderob, Ingo Breuer, Marc Fleischer, Sylvia Hartmann, Maren Jahnke, Thomas Lauterbach, Stefan Mungenast, Alexander Rauter, Anne Rogge, Jörg Schmitz, WW International, Katharina Wetjen

Bildnachweise
WW International

Gestaltungskonzept & Grafik
Niehaus Knüwer and friends GmbH Werbeagentur, Düsseldorf
Food Professionals Köhnen GmbH, Sprockhövel

Druck
paffrath print & medien GmbH, Remscheid

WW (Deutschland) GmbH
www.ww.com
Info-Hotline 0211-3805 3813

1. Auflage 2018

Impressum

Redaktion
WW Deutschland
Claudia Braun, Iris Hermann, Claudia Thienel

Rezepte & Realisierung
Food Professionals Köhnen GmbH, Sprockhövel
Silke Höpker, Ingrid Schmand, Dennis Webers

Fotografie
Michael Bernhardi, Florian Bonanni, Carsten Eichner, Jan Jankovic, Tobias Pankrath, Dirk Przibylla, Hubertus Schüler, WW International

Foodstyling
Myriam Banderob, Ingo Breuer, Marc Fleischer, Sylvia Hartmann, Maren Jahnke, Thomas Lauterbach, Stefan Mungenast, Alexander Rauter, Anne Rogge, Jörg Schmitz, WW International, Katharina Wetjen

Bildnachweise
WW International

Gestaltungskonzept & Grafik
Niehaus Knüwer and friends GmbH Werbeagentur, Düsseldorf
Food Professionals Köhnen GmbH, Sprockhövel

Druck
paffrath print & medien GmbH, Remscheid

WW (Deutschland) GmbH
www.ww.com
Info-Hotline 0211-3805 3813

1. Auflage 2018

Das neue Buch

Mein Lunch!

liefert tolle Ideen für unterwegs.

ISBN 978-3-9819029-6-9

„Mein Lunch!“ und weitere Kochbücher sind im WW Studio und auf weightwatchers-shop.de erhältlich.

Deine Meinung ist gefragt!

Wie gefällt dir dieses Buch?
Sind deine Erwartungen erfüllt?
Hast du Anregungen oder Ideen?

Wir freuen uns auf deine Bewertung dieses Kochbuchs unter: **weightwatchers-shop.de** oder schicke uns eine E-Mail an: **leserservice@weight-watchers.de**

Dein WW Leserservice